# あなたもなれる！日本語教師

中村良廣 ◎ 著

Teaching Japanese as a Foreign Language

松柏社

# はじめに

　この本は、日本語教師になりたいと思っている人のための入門書です。

　この本に書いてあることを理解し、身につければ、日本語教師としてスタートラインに立つことができます。

　この本を読めば、日本語教師として、

> なにを教えたらよいのか
> どのように教えたらよいのか

が、わかります。

　それと、日本語教師になるために、

> どのような実践トレーニングが必要になるのか

が、はっきりします。

　みなさんの仕事は、この本を読みながら、自分の頭で考え、脳をしっかり鍛えることです。

　そのためには、自分自身でブレインストーミングをすることです。あれこれアイデアを出して、それらをどのように具体化できるか、と一生懸命、智恵を絞ってください。

　そのようにしてこの本を読み終えたとき、みなさんの日本語教師になるという夢は、必ず、叶えられるでしょう。

2006年4月　　著　者

# 目次

■ はじめに

■ 第1部　だれに教えるのか ……………………………………………1
　第1章　カリキュラム・デザイン ……………………………………1
　第2章　ニーズ分析 ……………………………………………………5

■ 第2部　なにを教えるのか ……………………………………………13
　第1章　シラバス・デザイン …………………………………………13
　第2章　文法シラバス …………………………………………………18
　第3章　場面シラバス …………………………………………………23
　第4章　機能シラバス …………………………………………………27
　第5章　作業シラバス …………………………………………………31
　第6章　先行シラバスと後行シラバス ………………………………37

■ 第3部　どのように教えるのか ………………………………………39
　第1章　教授法 …………………………………………………………39
　第2章　オーディオ・リンガル教授法 ………………………………43
　第3章　全身反応教授法 ………………………………………………49
　第4章　サイレント・ウェイ …………………………………………54
　第5章　コミュニティー言語学習法 …………………………………61
　第6章　暗示式教授法 …………………………………………………65
　第7章　文法・訳読教授法 ……………………………………………69
　第8章　折衷教授法 ……………………………………………………72

## ■第4部　教室活動 …………………………………………75
- 第1章　言語技術とコミュニケーション能力 …………75
- 第2章　学習効果を上げるための基本原則 ……………80
- 第3章　聴く活動 …………………………………………85
- 第4章　話す活動 …………………………………………99
- 第5章　読む活動 …………………………………………116
- 第6章　書く活動 …………………………………………125

## ■第5部　ツールの活用 …………………………………135
- 第1章　視聴覚教材・教具 ………………………………135
- 第2章　黒板・ホワイトボード …………………………138
- 第3章　ワード・フラッシュカード ……………………141
- 第4章　ピクチャー・フラッシュカード ………………144
- 第5章　レアリア …………………………………………147
- 第6章　カセットテープレコーダー ……………………150
- 第7章　スライド …………………………………………153
- 第8章　OHPとドキュメント・カメラ …………………155
- 第9章　VTRと映画 ………………………………………158

## ■第6部　eラーニング …………………………………161
- 第1章　インターネットとマルチメディア ……………161
- 第2章　CD-ROMとDVD …………………………………164
- 第3章　パソコン …………………………………………167
- 第4章　電子メールと携帯電話 …………………………170
- 第5章　電子掲示板 ………………………………………177
- 第6章　パワーポイント …………………………………180

## ■第7部　評価法
### 第1章　評価とテスト …………………………………183
### 第2章　テストの種類 …………………………………187
### 第3章　対照分析と誤用分析 …………………………193

## ■第8部　プランの立て方
### 第1章　指導案の役割 …………………………………197
### 第2章　指導案作成のステップ ………………………199

## ■第9部　実践トレーニング
### 第1章　模擬授業とマイクロ・ティーチング ………203
### 第2章　実践トレーニングの重要性 …………………207
### 第3章　実践トレーニングの実例 ……………………210

## ■おわりに …………………………………………………223

## ■参考文献 …………………………………………………224

# 第1部 だれに教えるのか

## 第1章 カリキュラム・デザイン

　カリキュラムをデザインするとき、図1-1のように、4つのポイントを考える必要があります。

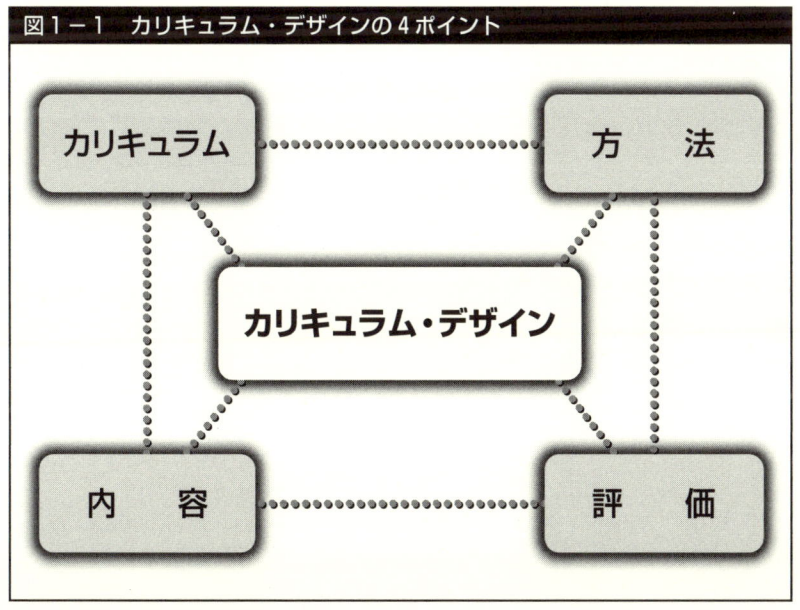

図1-1　カリキュラム・デザインの4ポイント

　「**カリキュラム**」は、学校その他の語学教育機関などから提供される語学プログラムの最終目標を記述したものです。例えば、半年の日本語コースがあるとすれば、このコースを終了したときに、学習者はどんなことができるようになるのか、ということです。

　「**内容**」は、学習のコンテンツ、つまり、何を学習するかの部分

です。

「**方法**」は、どのようなやり方で学習するかという部分です。つまり、ノウハウの部分です。

「**評価**」は、目標の達成度を確認する役割を担っている部分です。

これらの4つのポイントを考えた、バランスのとれたカリキュラム・デザインが必要なのです。では、各ポイントについてより詳しく見ていくことにしましょう。

カリキュラムというのは、「教育課程」「学習指導要領」「クラスの時間割」といった意味でも使われることが多いようですが、ここでは、次のような定義づけをしておきます。

> ●**カリキュラムの定義**
>
> カリキュラムとは、語学プログラムにおける学習者の最終到達目標を総体的に述べたものである。

つまり、カリキュラムは、あるプログラムが終了した時点で、学習者はどのようなことができるのかということを大まかに提示するものと言えます。ここでの、キーワードは［最終到達目標］と［総体的］です。

もっとわかりやすくするために、次の例を見てみましょう。

●カリキュラム 例1

簡単な日常会話ができるように基本的な文型・語彙を口頭練習を中心に身につけます。ひらがな、かたかな、漢字（150字程度）も学習し、平易な文および、短い文章が読み書きできるようになります。

　確かに、「最終到達目標」が記述してあるし、「総体的」という点においても、カリキュラムの定義にかなっています。例えば、「基本的な文型・語彙」とは書いてありますが、具体的にどの文型、どういった語彙であるかは提示されていません。漢字についても同じです。「150字程度」とは書いてありますが、どの漢字を学習するのかは、わかりません。総体的に述べてあるだけです。

　もう1つ例を見てみましょう。今度は、英語クラスについてのものです。

●カリキュラム 例2

この授業では TOEIC®Test 試験問題回答のスキルのコツをつかみ、それと同時に、英語力をつけることを目的とする。TOEIC®Test に頻出する Listening 問題のパターンと語彙、Reading 問題の文法的ポイントなどを確認しながら総合的な英語力を訓練していく。

　この例でわかることは、この授業を履修すれば、学習者はTOEIC®Testの試験問題と取り組みながら総合的な英語力を伸ばすことができるということです。これが到達すべき最終目標ということでしょう。

しかし、リスニング問題で取り扱うであろう、パターンや語彙は、どんなものか提示されていません。また、リーディングで取り扱う文法的ポイントも、どのポイントとは具体的には書いてありません。

　言い換えると、カリキュラムはプログラムの目標を大まかに示すことで、プログラムの方向性を学習者に教えるものであって、具体的な内容については、カリキュラムを見てもわからないということです。

　では、具体的な内容はどこに書いてあるのかということになりますが、それは、第2部のシラバスのところで説明します。

## 第2章 ニーズ分析

　実際にカリキュラムを作成する場合、まっ先に確認しなければならないことがあります。

　それは、**学習者は誰か**、そして、**学習者の学習目的は何か**、ということです。

　教師の側が考えるニーズとは、教師自身の経験や個人的なものの考え方・価値観に基づいています。その一方で、学習者が考えるニーズも学習者それぞれの経験やものの考え方・価値観に影響を受けています。

　当然、教師が学習してほしい、あるいは学習すべきだと思うことと、学習者が習いたいと思うこととのあいだにはズレが生じます。教師と学習者の双方が満足できるようにするためには、このズレの原因・理由を把握し、できるだけズレの幅を小さくすることが必要です。

　そのための第一歩がニーズ分析です。ニーズ分析は、インタビューやアンケート調査の形をとるのが一般的です。どちらの方法を選択するかは、そのときの状況によります。

　例えば、既に日本にいる学習希望者本人が学校訪問することが可能であれば、インタビューがいいでしょう。直接本人に会って、話をすることほど、相手のニーズを知るいいチャンスはありません。でも、これから日本に来るという状況では、アンケート調査の方が、より現実的です。

　ニーズ分析するのに、インタビュー形式にするにしても、アンケート形式の調査にするにしても、学習者に対する質問事項を考えな

ければなりません。

　質問内容や質問数は、学習者についてどのくらい詳細に知る必要があるかによって異なってきますが、少なくとも以下のような質問事項は必要です。

> ●質問事項の例
>
> ① 日本語学習経験（場所・学習形態・期間）
>
> ② 外国語学習経験（言語・場所・学習形態・期間）
>
> ③ 現在の日本語レベル（初級・中級・上級）
>
> ④ 強化したい言語技術（聴く・話す・読む・書く）
>
> ⑤ 日本語の使用度（程度・場所・形態）
>
> ⑥ 学習の目的（仕事・学業・観光など）
>
> ⑦ 学習可能な期間（3ヶ月・半年・1年など）

　次に、アンケート調査票の例をここに挙げておきますので、参考にしてください。

### 日本語学習に関するアンケート

このアンケートは、あなたの日本語学習をより効果的なものにするための資料とするものです。御協力お願いします。

　　氏　名（　　　　　　　　）
　　国　籍（　　　　　）
　　母　語（　　　　　）
　　性　別（　男　性　・　女　性　）
　　年　令（　　　歳）

**1. 日本語学習経験について**

　**A.** 日本語を今までに学習したことはありますか。

　　はい／いいえ

　**B.** はいと答えた人は下の質問に答えてください。

　　① いつ学習しましたか。

　　　（　　　）年〜（　　　）年

　　② どこで学習しましたか。

　　　a. 小学校　　　b. 中学校　　c. 高校　　d. 大学
　　　e. 日本語学校　f. 自分で　　g. その他（　　　　　）

だれに教えるのか 7

③ 何を中心に学習しましたか。

　　　a. 聴く　　　b. 話す　　　c. 読む　　　d. 書く

④ その時のテキストは何を使用しましたか。

　　（　　　　　　　　　　　　　　　　　　　　　）

⑤ その時の担当の先生の母語は何でしたか。

　　日本語　　　その他の言語（　　　　　　　　　）

**2.** その他の言語学習について

　　**A.** 日本語以外に学習した言語がありますか。

　　はい／いいえ

　　**B.** はいと答えた人は下の質問に答えてください。

① 学習した言語は何ですか。

　　（　　　　　　　語）

② いつ学習しましたか。

　　（　　　）年～（　　　）年

③ どこで学習しましたか。

　　a. 小学校　　　b. 中学校　　　c. 高校　　　d. 大学
　　e. 日本語学校　f. 自分で　　　g. その他（　　　）

## 3. 現在の日本語能力について

　**A.** あてはまるものに○をつけてください。

　● 聴く能力について
　　a. 日常的な質問が聴き取れる。
　　b. デパートや駅などでの案内が聴き取れる。
　　c. テレビ、ラジオ番組が少し聴き取れる。
　　d. テレビ、ラジオ番組がだいたい聴き取れる。

　● 話す能力について
　　a. 日常のあいさつができる。
　　b. 日常の買い物ができる。
　　c. 日常会話に問題はない。
　　d. 社会一般の話題について話すことができる。

　● 読む能力について
　　a. ひらがな、かたかなが読める。
　　b. 漢字が５０～１００程度読める。
　　c. 漢字が１００以上読める。
　　d. 新聞や雑誌が読める。

● 書く能力について
  a. ひらがな、かたかなが書ける。
  b. 漢字が５０〜１００程度書ける。
  c. 漢字が１００以上書ける。
  d. 簡単な電子メールが書ける。

**B.** 日本語の４技能で、今あなたが必要だと思う順に番号をつけてください。
  聴く（　　）　　話す（　　）
  読む（　　）　　書く（　　）

**4.** 日本語の必要性について

  **A.** あなたは、なぜ日本語が必要なのですか。

  a. 仕事のため
  b. 日常生活・社会生活のため
  c. 学業・学術研究のため
  d. その他　（　　　　　　　　）

  **B.** その他、日本語学習について、希望・意見があれば自由に記述してください。

**5.** 日本語学習のために費やすことのできる期間はどのくらいですか。当てはまる箇所に○をつけてください。

  a. １ヶ月　　b. ３ヶ月　　c. 半年
  d. １年　　　e. ２年　　　f. その他（　　　　）

御協力ありがとうございました。

このようにして、学習者のニーズに関する情報を得るわけですが、もちろん、学習者のことを全て把握することはできません。

　実際に教室で教えるようになってからわかってくることの方が多いのが実情です。

　ですから、ニーズ分析は、学習開始前におこなうというのが前提ですが、1度だけで終わりということではありません。学習者の日本語学習に対する目的を始めとして、動機・興味・姿勢に変化が生じることは十分予測されることですから、学習進行中においても、改めてニーズ分析をおこなうことは必要です。

　そして、その結果をもとに、教え方や教室での練習方法などを再検討しなければなりません。場合によっては、思い切った大幅な変更が必要になることも考えられます。

# 第2部 なにを教えるのか

## 第1章 シラバス・デザイン

簡単に言うと、「カリキュラムで設定された最終目標を実現するために、どんなことを学習する必要があるのかを具体的に考える」のが、シラバス・デザイナーの仕事です。

日本語学習者が本当に望んでいることは、日本語を上手に使いこなすということでしょう。

しかし、日本語クラスで日本語の全てを教えるというわけにはいきません。

日本語教師にできることは、学習者の目的やニーズに合った日本語を教えるということです。図2－1を見てください。

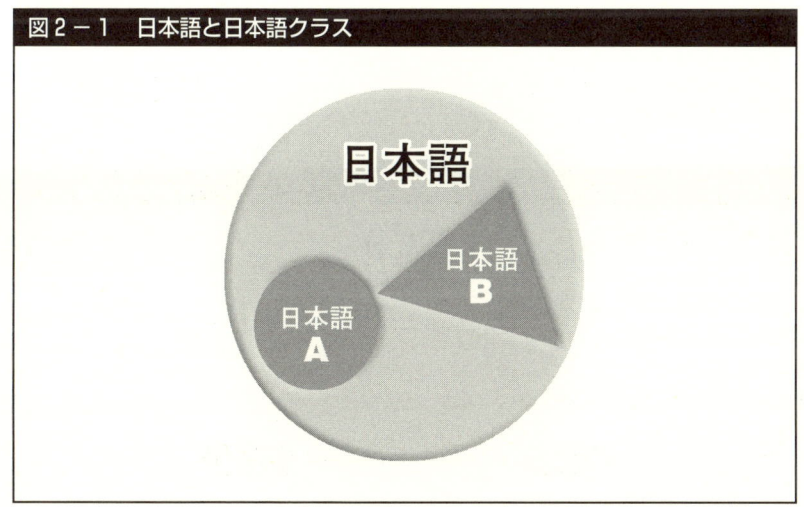

図2－1　日本語と日本語クラス

日本語を教えるといっても、実際には、「日本語Ａ」「日本語Ｂ」というように、日本語の一部しか教えていないのです。それでも、実際に教えなければならないことは膨大な量になります。

　現在は、日本語学習者の学習目的も非常に多様化しています。仕事で日本語を必要とするビジネスパーソン、日本の大学・大学院への入学希望者、農業・工業の分野での技術習得をめざしている技術研修生などさまざまです。

　今後は、タイやフィリピンなど東南アジアからの看護師・介護士たちも日本で働くようになります。その時には、彼らもそうですが、彼らの家族も日本語学習が必要になるでしょう。

　このように、目的やニーズによって、日本語のクラスの内容も違って当たり前なのです。

　そして、目的やニーズに合わせた日本語クラスを提供するためには、「**内容＝なにを教えるか**」だけでなく、「**量＝どの程度教えるか**」、それから、「**順序＝どこから教えるか**」を総合的に考えてシラバスを作成する必要があります。

　以下の図２－２を見てください。

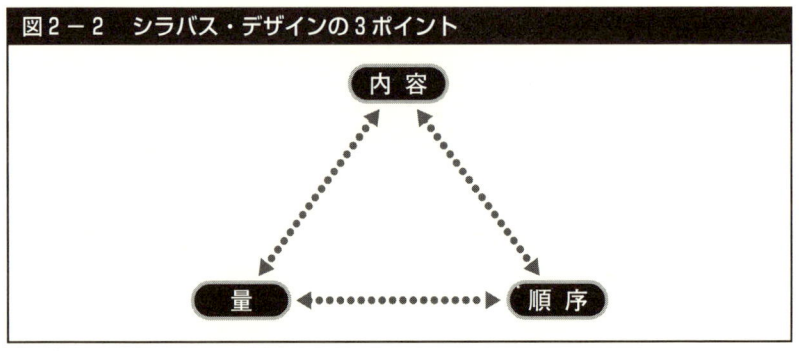

図２－２　シラバス・デザインの３ポイント

これらの3ポイントを考慮して作成されるのが、シラバスです。したがって、シラバスとは何かという問いに対しては、次のような定義ができます。

●シラバスの定義

シラバスとは、何をどの程度どのような順序で教えるかを具体的に記述したものである。

　第1部の第1章で提示した「カリキュラム　例1」の目標だった「簡単な日常会話ができるように基本的な文型・語彙を口頭練習を中心に身につけます」というのを参考にしながら、シラバスとは何かを実際に、そして、具体的に考えてみましょう。

　シラバス・デザイナーの最初の作業は、簡単な日常会話で使用されると思われる**言語項目のリスト**を作成することです。

　例えば、学習者が簡単な日常会話をおこなうためには、次のような言語項目は使えるようにならなければならないでしょう。

●簡単な日常会話に必要な言語項目の例

①　おはようございます。
②　これは、いくらですか。
③　遅れてすみません。
④　はがきを5枚と80円切手3枚ください。
⑤　今日は、いいお天気ですね。
⑥　Ａ4サイズのノートはありますか。

⑦ この電車は高宮に停まりますか。
⑧ 営業時間は何時から何時までですか。
⑨ お疲れさまでした。明日もよろしくお願いします。
⑩ ちょっと風邪を引いたようなんです。
⑪ 山田さんの携帯番号はわかりますか。
⑫ 午後3時にうかがいます。
⑬ 相談したいことがあるんですけど。
⑭ 4月18日の予約をお願いします。
⑮ 配達は夜7時以降にお願いします。

　この言語項目のリストは、ずっと際限なく続いていくはずです。しかし、どこかで終止符を打つ必要があります。いつまでも、言語項目を列挙する作業だけをやるわけにはいきません。

　どこで止めるかは、通常、日本語クラスの期間や学習者がどのような場で、どのような日本語表現をどの程度必要としているのか、といった点を考えて決めます。

　言語項目のリストアップが済んだら、次の作業にとりかかります。その作業とは、リストアップした言語項目を、学習しやすいように、順序よく、きちんとした方法で整理・配列することです。

　この作業は、教師にとっては、効果的に教えるために必要なことです。つまり、教える側にとっても、教わる側にとっても、どこから手をつけていくのかをはっきり理解することが大事なのです。

　言語項目の整理・配列の方法にはいくつかあります。どの方法を選択するかによって、シラバスの種類が違ってきます。つまり、カリキュラムは同じでも、複数のシラバスが可能になるということです。以下の図2-3を見てください。

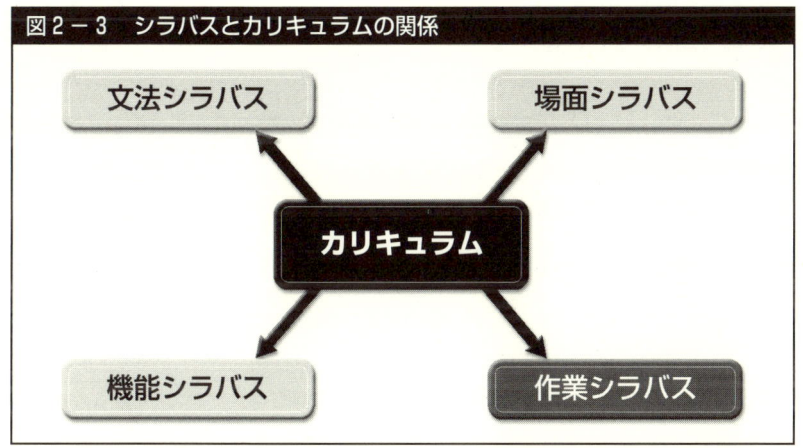

図2-3 シラバスとカリキュラムの関係

　カリキュラムで設定した最終到達目標を達成するために必要とされる言語項目は同じであっても、それらの言語項目を何を基準に整理・配列するかで、以上のような異なったシラバスができあがるのです。

　実は、シラバスにはもっと多くの種類があるのですが、ここでは、4つの代表的なシラバスだけを紹介しておきます。日本語教育の分野ではよく活用されているものばかりですから、みなさんにとっても役に立つはずです。

　ところで、図2-3を見ればおわかりかと思いますが、作業シラバスは他の3つのシラバスとちょっと異質なんです。

　その点もふくめて、これから、文法シラバス、場面シラバス、機能シラバス、作業シラバスの順に詳しく検討していくことにしましょう。

## 第2章　文法シラバス

　リストアップした言語項目を、文法・文型・語彙を中心に整理・配列すると、文法シラバスができあがります。

　文法シラバスの作成をするときは、特に、次の3つのポイントをおさえておくことが大切です。

> ●整理・配列の3ポイント
>
> ① 文法事項など、基本的なものからより複雑で難しい順に学習できるように並べる。
>
> ② 動詞の活用など、規則的なものから学習し、不規則的なものへと移ることができるようにする。
>
> ③ 語彙や言語表現など、使用頻度の高いものから学習できるように配列する。

　例をあげると、①については、「・・・があります」「・・・はありません」「・・・はありますか」のように、肯定文、否定文、疑問文の順に並べることで、基本的な文型からより複雑な文型へと学習ができるようにしていくわけです。

　普通、日本語の教科書では、次のような形で提示されます。

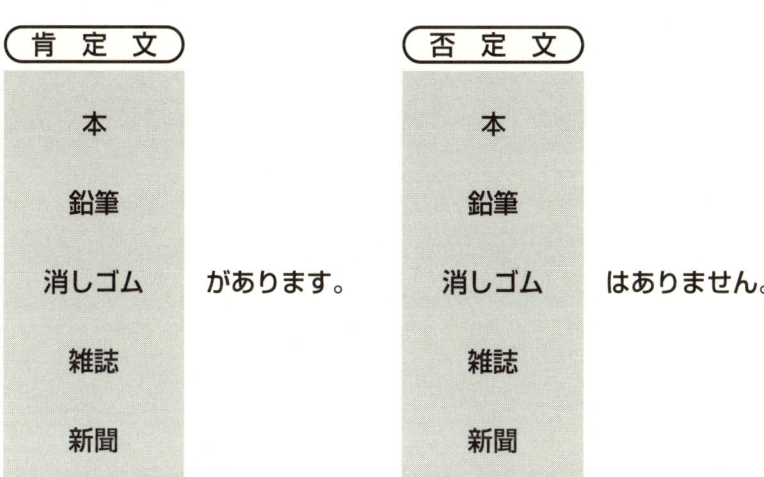

　②は、いわゆる五段活用といった規則的なものを学習してから、「する」「来る」のような、不規則的な活用をする動詞へと移るようにします。

　③は、「おはようございます」「いいお天気ですね」など、日常よく使うあいさつの表現などを学習したあとで、「これ、注文したのと色が違うじゃない」や「100万のローンを申し込みたいんですけど」のような、比較的使用頻度が少ないと思われる表現を配列する、といった具合です。

　ちなみに、「本日はお日柄もよく」とか「この度は、本当に何とお詫びをすればよいのか」あるいは、「誰のおかげで生活できると思ってんだ」のような表現を取り上げている日本語の教科書には、まだお目にかかったことがありません。

　シラバス・デザイナーたちは、こうした表現は、日本語学習者はほとんど使用しないと考えているからでしょうね。そして、現実にその通りなんですが。

日本語教育の世界では、この文法シラバスが主流です。というより、日本語教育も含めた外国語教育の世界で一番よく使用されているシラバス、と言ったほうがよいでしょう。それほどパワーのあるシラバスなのです。

　それには、ちゃんとした理由があります。そして、その一方で、文法シラバスの弱点も指摘されています。

> ●文法シラバスの利点と弱点
>
> **利　点**
> ①限られた時間のなかで、基本的な文法・文型・語彙を、一応網羅して学習することができる。
>
> ②外国語教育においては、１クラス５〜１０名程度が理想とされるなかで、それ以上の人数であっても、基礎学習が可能である。
>
> **弱　点**
> ①学習者が即必要とする言語表現であっても、授業がしばらく進行してからでないと、学習項目として出てこないことがある。
>
> ②学習者は、文法的に正しい文を作ることができても、実際のコミュニケーションにおいては活用できないことが多い。

　利点①は、文法シラバスの性質上、当然と言えます。文法・文型・語彙を中心に、基本的なものから段々複雑なものへと配置しているのですから、限られた時間でも、ステップ・バイ・ステップで、かなりの量の学習内容をこなすことができます。

しかも、学習内容を画一的に提示できますから、利点②として挙げられているように、少人数クラスでなくても対処できるわけです。

弱点①は、利点①の裏返しです。言語項目が文法・文型・語彙を中心に、きちんと順序よく配列されていればいるほど、**リニア型学習**の性格が強くなるということです。

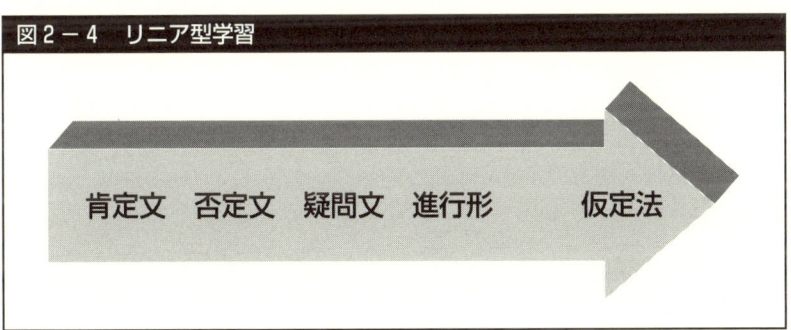

図2-4　リニア型学習

特に、日本語を日本で学習している場合は、学習者は日常生活のなかで、「もし、明日時間があれば、・・・」のような表現は、すぐにでも必要になるでしょう。

でも、図2-4のように、文法シラバスでは、仮定法は、かなり授業が進んでからでないと、学習しません。「仮定法は第15課で学習しますので、それまで待ってください」では、学習者にとってはあまり役に立たないわけです。

指摘されている弱点②は、学習者は学習した言語項目をコミュニケーションのために上手に運用できないということですが、これも、文法シラバスの性質上、そうなってしまうのです。

文法シラバスでは、文法的に正しい文を作ることができる、ということにどうしても力点が置かれてしまい、作れるようになった文

をどのような状況でどのように使うかということまでは文法シラバスには盛り込むことが難しいのです。

　その理由は、次の場面シラバスとの比較のなかで明らかにしていきたいと思います。

## 第3章　場面シラバス

　文法シラバスでは、学習者は日本語で文法的に正しい文を作ることができるようになっても、必ずしも、実際のコミュニケーションの場においては使いこなせるようにならない、という弱点が指摘されていました。

　それでは、実際のコミュニケーション場面を想定して、その場面で使われる日本語を教えていけば即役に立つはずだという前提で、登場するのが場面シラバスです。

　場面シラバスを作成するときは、コミュニケーションがおこなわれるであろうと推定される社会的状況や話し手・聞き手の社会的役割、コミュニケーションの目的などを考慮して、学習のための言語項目を選んでいきます。

　手順としては、

① まず、「郵便局で」「焼鳥屋で」「航空券を予約する」「電話で出前を注文する」などのコミュニケーション場面を設定します。

② 次に、それぞれ設定されたコミュニケーション場面で必要とされる言語項目をリストアップします。

　このようにして作成された場面シラバスでは、言語項目は以下のような会話形式で提示されるのが普通です。

●場面シラバス（会話例１）

「焼鳥屋で」

大将：いらっしゃい。
陽子：今晩は。
大将：今日は、何にしましょうか。
陽子：とりあえず、生ビールください。
大将：はい、生ですね。
陽子：あとは、刺身の盛り合わせと豚ばら２本、それからししゃも２本。今はそれで。
大将：はい、わかりました。生ビールどうぞ。
陽子：ねえ、大将、ダルムって何？
大将：ああ、ホルモンのことですよ。おいしいですよ。

　もう１つ、会話例を紹介しておきましょう。今度は、英語クラスの会話練習のために使われたものです。

　やはり、設定されたコミュニケーション場面で必要であろうと思われる言語項目が選択されているのが、よくわかるはずです。

●場面シラバス（会話例２）

**Talking on the Phone**

**Yuki:** Hello.
**Kent:** This is Kent Smith. May I talk to Ms. Kyoko Yamada?
**Yuki:** I'm sorry but she is not in.
**Kent:** Can I leave a message?
**Yuki:** Sure.

> Kent: Will you tell her to call me tonight?
> Yuki: Sure. Can I have your telephone number?
> Kent: It's 921-5184. It's my home number.
> Yuki: O.K. I'll give her your message.
> Kent: Thank you. Good-bye.

　もちろん、場面シラバスにも、利点と弱点の両方があります。以下に主な点をまとめてみました。

### ●場面シラバスの利点と弱点

#### 利　点
① 学習者は、言語項目をそれを必要とするコミュニケーション場面の中で学習できるので、即戦力が身につく。

② コミュニケーション場面は学習者のニーズに合わせて設定することが容易にできるので、学習に対する興味や動機を保持しやすい。ただし、共通したニーズを持った学習者のクラスであることが前提となる。

#### 弱　点
① ある特定の場面で覚えた言語項目は、別の場面ではほとんど使えない。例えば、「焼鳥屋で」の設定で覚えた表現は、「郵便局で」という場面では役に立たない。

② 興味や職業などさまざまな点で異なった学習者が集まったクラスでは、全員に関連した場面設定は難しい。

場面シラバスと比較して見ると、文法シラバスは言語運用よりも文法的用法に焦点を置いて作成されていると言えます。つまり、場面シラバスの方が、より現実的な言語の使い方をめざした設計になっているということです。

　しかし、そのことが、場面シラバスにおいては、言語項目を基本的なものから複雑なものへと配列することを難しくしているのも事実です。

　例えば、「焼鳥屋で」の場面では、「・・・ください」や「・・・って何」のように、かなり複雑な表現をいきなり、しかも、同時に学習しなければなりません。

　それでも、設定された場面に必要とされる言語項目であれば、非常にむずかしいものであっても後回しにするわけにはいきません。これは、学習者（特に、初心者）にとっては、学習上かなりの負担になります。

　Talking on the Phone でも同じことが言えます。学習者は、This is …. や May I talk to …? のように、文法的にも、音声的にも、そして、意味的にも異なった言語項目を同時に学習する必要があります。やはり、初級レベルの学習者にはちょっと大変でしょうね。

　ここまで、「初級レベルの学習者には大変だ、大変だ」と、繰り返し言いましたので、みなさんが誤解しないように、最後に一言付け加えておきたいと思います。

　それは、「場面シラバスは、初級レベルの日本語学習者を対象に使うことができないという意味ではない」ということです。

　また、初級レベルの日本語学習者には適していないということでもありません。教師が、場面シラバスの特徴やウイークポイントをきちんと理解した上で活用すれば、問題ないということです。

# 第4章　機能シラバス

　文法シラバスの弱点の1つは、実践性の不十分さでした。そして、場面シラバスの弱点は、応用性に欠けるというものでした。この両方の弱点を補うことができると主張するのが、機能シラバスです。

　機能シラバスは、「ことばの機能」を軸に作成されます。以下の例を見てください。これらの5つの英文が共通に持つ機能とは、何でしょうか。

> **1.** May I have a cup of coffee?
>
> **2.** I would love a cup of coffee.
>
> **3.** All I want is a cup of coffee.
>
> **4.** I want a cup of coffee, please.
>
> **5.** Coffee is what I need this time of the day.

　正解は、**REQUEST**です。それぞれ異なった言い方ですが、全ての意味するところは、「コーヒーをください」ということです。では、次の例を見てみましょう。

　「頭が痛いんです」という言語項目は、文法シラバスと場面シラバスでは、それぞれどのような登場の仕方をすると思いますか。

　文法シラバスでは、おそらく、文型の1つとしての役回りを持たされるでしょう。

なにを教えるのか　27

| 頭 | |
| 歯 | |
| のど | が痛いんです。 |
| お腹 | |
| 背中 | |

　場面シラバスでは、「病院にて」といった設定で、医者と患者の会話が、以下のように登場するのは容易に想像できます。

　　医者：　今日は、どうしました。

　　患者：　**頭が痛いんです。**

　　医者：　口をあけてください。ああ、赤いですね。

　　患者：　風邪でしょうか。

　　医者：　そのようですね。薬を出しておきましょう。

　この会話の中では、「**頭が痛いんです**」という文は、風邪が原因で頭が痛いという症状を述べている文として教えられるでしょう。

　機能シラバスでは、どういう姿を見せることになるでしょうか。

　　課長：　中村君、久しぶりに一杯どう。

中村：　今日は、ちょっと。

課長：　どうした、今夜はデートか。

中村：　いいえ、ちょっと　**頭が痛いんです**。

　ここでは、「**頭が痛いんです**」という表現は、単に頭が痛いという事実を述べているだけではありません。相手の誘いを**断る**という機能を持っています。

　同じ会話の中で、この**断る**という機能を持つことのできる言語項目、つまり、上の　　　　　　　の中に取って替わることのできる言語項目は他にもあります。

> 仕事が残ってますので
> 気分がすぐれなくて
> 医者に止められてまして
> 寄るところがありますので
> 人と会う約束がありますので
> 明日は、早いものですから
> お腹の具合が悪いもの　etc.

　このように、断るという機能を果たすのに、文法的に異なる言語項目を使うことができます。もちろん、音声的にも意味的にもそれぞれの文はちがいます。でも、断るという機能は共通して持っているのです。

　ことばの持つ機能は他にもあります。そのいくつかを例として挙げておきますが、このように、機能別に言語項目を整理・配列すると機能シラバスが姿を現してくるのです。

| 機　能 | 言　語　項　目 | |
|---|---|---|
| 提案する | ・ビールはどう。<br>・映画を見に行こうか。 | ・真理子に聞いたらいいのに。<br>・ちょっと、会ってくれば。 |
| 感謝する | ・ありがとう。<br>・感謝してるよ。 | ・君のおかげだよ。<br>・何とお礼を言ったらいいか。 |
| 謝　る | ・ごめんなさい。<br>・許してください。 | ・どうも、すみません。<br>・申し訳ありません。 |
| 誉める | ・そのセーターいいね。<br>・完璧だよ。 | ・料理上手だね。<br>・すごく素敵ですね。 |

## 第5章　作業シラバス

　作業シラバスは、作業（解決すべき問題・課題）を中心に作成されます。

> ●作業の例
>
> ① 自分の家の間取りを説明する。（玄関・居間・台所などの位置関係・広さなど）
>
> ② 道順を聞きながら、場所を探して印をつける。（友人の家・市役所・美術館など）
>
> ③ 友人と日程表を見ながら、映画に行く日を決める。（見に行く映画のタイトル・曜日・待ち合わせ時間や場所など）
>
> ④ パソコンでの文書編集の仕方を教える。（行単位の挿入と削除・1行の文書を2行に分けるなど）

　作業シラバスに沿った授業は、基本的に次のような手順でおこなわれます。

## ●作業シラバスに沿った授業の基本的手順

① 作業を設定（例：「だるま落とし」について）

作業：
クラスメートに「だるま落とし」の仕方を説明してください。

② 教師が一度、日本語を使って説明する形でデモンストレーションをおこなう。

③ 一人の学習者に即、②のようにデモンストレーションをさせる。

④ 順次、各学習者に作業をさせる。

　これまで見てきた文法シラバス、場面シラバス、そして、機能シラバスと決定的に違う点が1つあるのですが、わかりますか。

　それは、作業シラバスでは学習すべき言語項目が事前に選択されていないということです。

　実は、「選択されていない」というよりは、「選択できない」と言った方が正しいのです。

前述の「だるま落とし」のレッスン例を見てください。教師は、作業を決定したあとは、授業では、すぐにデモンストレーションをしながら説明に入ります。このとき、わかりやすい説明を心がけるようにしますが、どの言語項目を使うというようなことは考えないのです。

　つまり、学習者に対して、教師は、学習者が理解できる日本語で「だるま落とし」の仕方について説明するのです。

　もし、学習者が理解できないときは、その度に、言い換えたり、もっとゆっくり話したり、いろいろな工夫をすることで学習者の理解度を高めるようにします。

　この方法で授業を進めていくと、再度、一字一句違わないような説明を繰り返すことは不可能です。ですから、事前に言語項目を決定できないわけです。

　どの言語項目を教えるかを決めずに授業するのはおかしいじゃないか、と思うかもしれません。しかし、作業シラバスは、

> 教師や学習者が、どんな言語項目を教えたり、学んだりしているのかを意識しない時に、外国語は一番効率的に身につく。

という考え方に基づいて作成されていることが理解できれば、

> 事前に選択されるのは、文型・語彙・文法事項ではなく、言語使用を必要とする作業である。

というのは、納得がいくのではないでしょうか。

　作業の種類は教室の中だけでおこなうことができるものばかりとは限りません。かなり大掛かりなものもあります。というよりは、

なにを教えるのか　33

一番現実に近い作業と呼んだほうがいいでしょう。

　そういう意味では、限りなく現実に近い**シミュレーション**ということです。その例を1つ挙げておきます。

　日本の大学で勉強する留学生たちは、必ず、何らかの形でレポートを書くことを求められます。その場合、彼らの作業は、レポートを書くということになるのです。

　レポートを書くという最終作業を完了するためには、参考文献を検索したり、それを読んでノートを取ったり、要約を書いたり、場合によっては、クラスで途中経過を発表することも必要でしょう。

　そうすると、参考文献検索、ノート作成・要約作成、中間発表などが段階的作業になります。これら一連の作業を順番にまとめると以下のようになります。

---

●**最終作業：レポート作成**

**段階的作業：**

① 参考文献を探す

② ノートを取り要約を書く

③ 中間発表をおこなう

④ レポートの原稿作成

⑤ レポートの校正・推敲

⑥ レポートの仕上げ

⑦ レポート提出

　もちろん、上記の各段階的作業をうまくおこなうには、より細かく作業を分ける必要があります。例えば、参考文献を探すためには、図書館利用についての情報も必要でしょう。インターネットを活用しての検索方法も知っておくべきですね。

　ノートの取り方や要約の書き方も身につけなければなりません。クラスでの中間発表に関しては、口頭発表の要領を覚えて、練習することも必要です。

　レポートを実際に書くには、レポートの形式も含めて、レポートの書き方を学習しなければなりません。

　つまり、実際の日本語クラスにおいては、さまざまなミクロレベルでの作業が必要になるわけです。

　最後に、作業シラバスと文法シラバス・場面シラバス・機能シラバスとの主な考え方の違いをまとめておきます。

　ただし、どちらが良いとか悪いとかの問題ではありません。それぞれのプリンシプルに沿って作成されているということを理解してください。全て重要なシラバスなのです。

| 作業シラバス | 文法・場面・機能シラバス |
|---|---|
| ・使うことで言語項目を覚えていく。つまり、実践を通して外国語を身につける。 | ・言語項目を覚えることで実際のコミュニケーションに備える。つまり、準備をしてから実際のコミュニケーションで試す。 |
| ・事前に設定するのは、作業であって、言語項目ではない。 | ・学習すべき言語項目を事前に設定する。 |

## 第6章　先行シラバスと後行シラバス

　学習すべき言語項目が、事前に設定されているタイプのシラバスを**先行シラバス**と呼びます。文法シラバス・場面シラバス・機能シラバスは、このタイプです。

　作業シラバスのように、事前に言語項目が設定されないタイプのシラバスを**後行シラバス**といいます。

　どのタイプのシラバスを使うかは、学習目的・学習者のニーズ・学習可能な期間・学習者数など、学習環境を総合的に判断して決定します。

　オールマイティーなシラバスはないものか、と思うのは教師の常です。しかし、全てに適しているというシラバスなどありません。文法シラバス、場面シラバス、機能シラバス、作業シラバスのどれをとっても、それぞれ利点・弱点があります。どのシラバスを使うかの最終的判断は各教師に任せられていると言ってよいでしょう。

　現実的には、図2－5が示すように、初級レベルのコースでは文法シラバスを主体とし、学習者の日本語能力が向上するにつれて、場面シラバス、機能シラバス、作業シラバスの利用度を高めていく教師が多いようです。

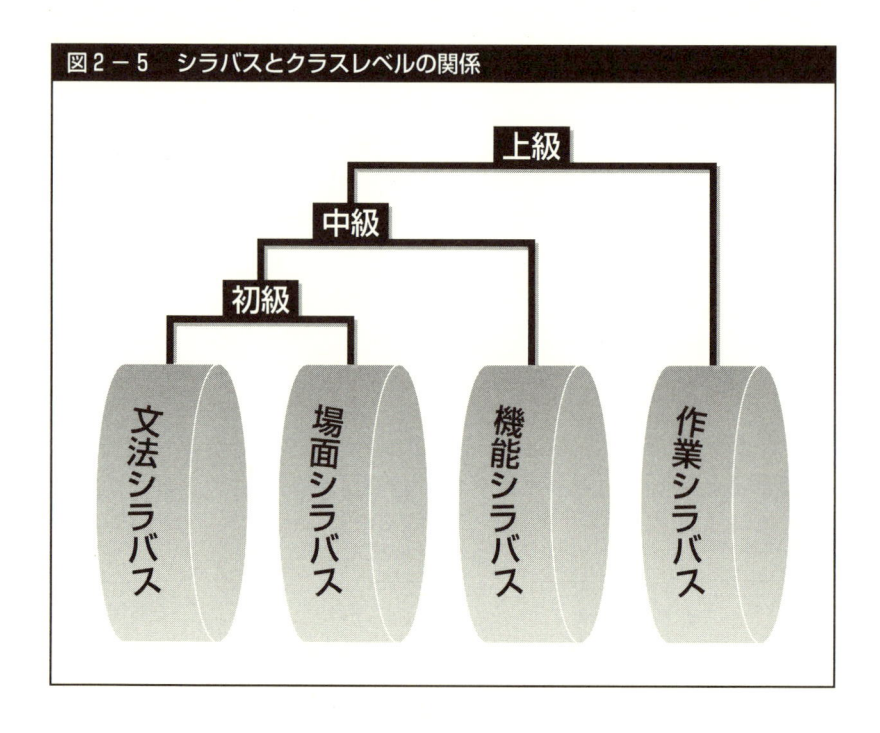

図2−5　シラバスとクラスレベルの関係

　　　　　　　　　　上級
　　　　　　　中級
　　　　初級

| 文法シラバス | 場面シラバス | 機能シラバス | 作業シラバス |

# 第3部 どのように教えるのか

## 第1章 教授法

　何を教えるか、つまり、教える内容を考えるのがシラバス作成のポイントでした。しかし、内容を決めるだけでは、教えることはできません。

　決定した内容をどうやって教えていくべきか、ということを考える必要があります。この「どうやって」の領域に関係するのが教授法です。

　教授法の種類は、たくさんあります。しかも、名称も「・・・アプローチ」や「・・・メソッド」のように混在しているのが実情です。実際には、アプローチとメソッドをはっきりと区別するのは非常に困難ですが、一応以下のような使い分けを目安にすることができます。

| アプローチとメソッドの区別 ||
| --- | --- |
| アプローチ | メソッド |
| 外国語教育に対する考え方や理念を理論的な枠組の中で提示したもの。教え方の方向性に論点がある。代表的なものとして、ナチュラル・アプローチが挙げられる。 | 教室における言語活動のあり方や具体的手順までを提案したもの。代表的なものとして、オーディオ・リンガル教授法や全身反応教授法などがある。 |

　アプローチのレベルでは、それぞれの教授法がどのような言語習得観・言語学習観に立ったものであるかということを問題にします。

つまり、教授法の根底に流れる理論的な面に焦点があてられます。

　教授法を支える理論には、大きく分けて、2つあります。行動主義理論と認知主義理論です。

　行動主義理論は、言語活動を、自動的で意識されない習慣的活動としてみなします。つまり、ことばの使用は、何度も繰り返すことで条件反射的にできるようになると考えるわけです。

　一方、認知主義理論では、言語活動を創造的なものとしてとらえます。単に機械的な暗記と練習だけでは不十分というわけです。学習者が、言語の意味を理解しながら練習をして、学習者自身で新しいセンテンスを考え発話できるようになることを重視します。

　この第1章のあとに、いくつかの代表的な教授法を見ていきますが、ここでは、簡単にナチュラル・アプローチを紹介しておきましょう。クラッシェンと テレルの2人が提唱したものです。日本語を外国語として教えるときの参考になると思います。

　クラッシェンとテレルはナチュラル・アプローチの中で、5つの仮説を提示しています。仮説ですから、完全に検証されているわけではありません。しかし、外国語教授に関して示唆に富んだものと言えます。

## ナチュラル・アプローチの 5 つの仮説

**(1. 習得・学習の仮説)** 言語を身につける方法として、母語のように自然に身につけていく「習得」と、第 2 言語として身につけようとする「学習」があります。学習は、あくまで習得を補足する役割を持つものとして考えられます。つまり、学習だけでは、コミュニケーションに必要とされる流暢さは身につかないという立場をとっています。

**(2. 自然順序の仮説)** 言語習得には自然な過程があり、その過程は予測できるというのが、この仮説の主張です。ですから、習得過程についての知識は教師にとって不可欠なものなのです。

**(3. モニターの仮説)** この仮説は、学習をとおして身につけた文法を含む言語知識は、誤った用法を認識し、修正するのに役立つものであるというものです。つまり、言語運用の正確さをチェックする機能をもっているということです。このモニターが過度に作用すると、学習者は文法的なことに気をとられすぎて、自然なコミュニケーションを妨げてしまうことにもなりかねません。

**(4. インプットの仮説)** Input = Output というわけにはいきません。通常、Input より Output の方が少ないのです。ですから、Input をできるだけ多くすることで、Output を増やすことが大切なのです。

**(5. 情意フィルターの仮説)** 学習者の学習に対する不安・焦り・ストレスなどが学習効果を減らしてしまう原因になるというのが、この仮説の論点です。この目に見えにくい心理的な壁がフィルターであり、このフィルターの作用が強いほど学習を妨げてしまいます。学習者のフィルターをコントロールすることが重要なカギになります。

これらの仮説が日本語教師のみならず、外国語教師に示唆する点を、以下のようにまとめることができます。

① 教室での学習だけにとどまることなく、実際のコミュニケーシ

ョンの場において学習したことを試す機会を提供してやること。つまり、学習者が実践の場を多くもつことができるように心がけてあげること。

② 言語習得と言語学習の過程を研究すること。どのようなことから教えていけばよいのか、常に研究すること。

③ 文法を知識として詰め込むだけの授業は避ける。学習者が学習過程において間違うことは自然なことであって、文法的失敗を恐れずにコミュニケーションをおこなうことを推奨すること。

④ 授業の際、自然な Input をできるだけ多くする方策を工夫する。

⑤ 学習者が安心して学習できる環境を整えてやること。間違えたらクラスメートに笑われてしまうとか、自分だけができない、などというような不安をできるだけ取り除いてやる努力をすること。

## 第2章　オーディオ・リンガル教授法

　行動主義理論に基づいた教授法と言えば、オーディオ・リンガル教授法です。

　この教授法の特徴は、言語活動として、文の模倣・暗記、そして、文型練習を重視していることです。特に、口頭練習を多量に取り入れることで、言語使用の習慣化をはかります。

　そのため、オーディオ・リンガル教授法の利用にあたっては、次のような点に注意を払うことが大切です。

① 特に学習の初期の段階では、口頭練習を中心におこない、読み書きの練習はあとに回す。

② 正確な発音・強勢・リズム・イントネーションの習得のために、反復練習を多用する。

③ 条件反射的な反応を優先し、語彙などの意味や文法的説明は極力避ける。

　オーディオ・リンガル教授法は、ミシガン大学の言語学者フリーズ教授を中心に開発された教授法です。ミシガン・メソッドやフリーズメソッドの名称でも知られています。

　目標として、聴く能力・話す能力の養成を掲げた教授法で、授業では、次のようなステップを踏むのが一般的です。

どのように教えるのか　43

① モデル会話を教師が2回程度、学習者の前で演じる。

●モデル会話を演じる

ニール：香奈子、明日忙しい？

香奈子：別に。どうして？

ニール：バイオリンコンサートのチケットが2枚あるんだけど。行かない？

香奈子：いいわね。コンサートは何時から？

ニール：7時だよ。

② 学習者は全員で、モデル会話の各センテンスを教師のあとについて発音する。

### ●モデル会話の発音練習（全員で）

教　師：香奈子、明日忙しい？

学習者：香奈子、明日忙しい？

教　師：別に。どうして？

学習者：別に。どうして？

教　師：バイオリンコンサートのチケットが2枚あるんだけど。行かない？

学習者：バイオリンコンサートのチケットが2枚あるんだけど。行かない？

教　師：いいわね。コンサートは何時から？

学習者：いいわね。コンサートは何時から？

教　師：7時だよ。

学習者：7時だよ。

③学習者は、モデル会話の各センテンスを一人ずつ教師のあとについて発音する。

●モデル会話の発音練習〈各学習者〉

上の②と同じ内容の練習を一人ずつおこなう。

④学習者は、反復練習をとおして、モデル会話の暗記に努める。

●モデル会話の発音練習

教師は、②③の練習を適宜おこなう。

⑤ 教師は、モデル会話の中から、ポイントとなる語句・文型を取り出して、さらに、口頭練習を重ねる。この場合も最初は、学習者全員で教師のあとについて発音する。

●ポイントとなる文型の発音練習〈全員で〉

教　師：バイオリンコンサートのチケットが2枚あるんだけど。

学習者：バイオリンコンサートのチケットが2枚あるんだけど。

教　師：ピアノコンサート

学習者：ピアノコンサートのチケットが2枚あるんだけど。

教　師：映画

学習者：映画のチケットが2枚あるんだけど。

教　師：美術展

学習者：美術展のチケットが2枚あるんだけど。

教　師：書道展

学習者：書道展のチケットが2枚あるんだけど。

⑥ 次に、⑤と同じ学習内容を、各学習者は一人ずつ教師のあとについて発音する。

⑦ 教師は、その他のパターンドリルを用いて、学習ポイントの強化・定着をはかる。この際も、教師は、学習者全員で練習したあと、各学習者の練習へと移る。

このように、オーディオ・リンガル教授法を用いた授業では、会話とドリルを中心におこないます。したがって学習者は、リスニングとスピーキングの力を比較的短期間で身につけることが可能になります。

ただ、機械的な反復練習を多量におこなうため、学習者が授業に飽きてしまう危険性があります。反復練習でも、種類を変えたり、学習者の身近なことを話題に取り上げるなどして、授業に変化をもたせる工夫が必要です。

## 第3章　全身反応教授法

　オーディオ・リンガル教授法が、行動主義理論に基づいた教授法であることは、第2章の冒頭で述べました。

　今から紹介する全身反応教授法は、認知主義理論を基調とした教授法の1つです。その他、サイレント・ウェイ、コミュニティー言語学習法、暗示式教授法が認知主義理論に基づいた教授法として知られています。

　認知主義理論を軸とする教授法の共通点として次のような点が挙げられます。

① 学習者の暗記力のほかに、推察力・思考力さらには問題を解決する能力の促進をはかる。

② したがって、教師の役割は、ただ単に言語項目を提示し、それを教えるのではなく、学習者が自分の力で理解できるように手助けをすることである。

　この第3章では、全身反応教授法、第4章では、サイレント・ウェイ、第5章では、コミュニティー言語学習法、そして、第6章では、暗示式教授法を見ていきます。前述したような共通点を持ちながら、実際の授業においては、それぞれ特徴のある方法を用いていますので、よく比較検討をしてください。

　全身反応教授法は、アメリカの心理学者アッシャーによって提唱された教授法で、初級レベルの学習者に「聴く・話す」基礎力を身につけさせることを最大の目標としています。

　そして、その目標を達成するために、まず、聴く力をつけること

が先決であるという主張をしています。これは、子供がことばを発する前に、何カ月も自分の周りの人たちの話すことを聴いて音声を理解し、話す準備をしているという考え方に基づくものです。

　このことから、全身反応教授法は、「**聴解アプローチ**」とも呼ばれます。

　それと、もう1つの特徴は、全身反応教授法は、聴解活動と身体的動作とを結びつけることを大事にするということです。

　これは、「言語項目を聴く」という活動と「その言語項目の意味を身体の動きで表現すると同時に音声化する」という活動とを一体化させることで、記憶の強化をはかり、言語スキルの定着化を促進できると考えるからです。

　頭で考えるだけでなく、身体でも感じることで、より効果的に言語を身につけることができるということです。

　では実際、授業は基本的にどのような手順でおこなわれるのか見ていくことにしましょう。

### ●全身反応教授法の一般的手順

① 教師は、日本語で「立ってください」と言って、その直後に教師は立ち上がる。

② 学習者全員に立つように合図をする。

③ 学習者は教師の合図で立ち上がる。

④ 教師は、日本語で「座ってください」と言って、言い終えると同時に教師は座る。

⑤ 学習者全員に座るように合図をする。

⑥ 学習者は教師の合図で座る。

⑦ ①～⑥を何度か繰り返す。

⑧ 学習者全員が最後に立ち上がった時に、日本語で「歩いてください」と、教師は新しい命令を出して、実際に歩く。

⑨ 学習者全員に歩くように合図をする。

⑩ 学習者は教師の合図で歩く。

⑪ ①～⑩を何度か繰り返す。

⑫ 教師は、「立ってください」「座ってください」「歩いてください」を速く連続して言う。

⑬ 学習者は教師の命令どおりに動作をする。

⑭ 教師は、この3つの命令を順序を変えて速く連続して言う。

⑮ 学習者は教師の命令どおりに動作を繰り返す。この段階までは、教師も実際に動作をおこなう。

⑯ 学習者全員が教師の出す命令どおりに動作ができるようになったことを確認してから座らせる。

⑰ 教師は、3つの命令を一つずつ出したり、連続して出したりする。ただし、この時から、教師は言うだけで実際に動作はおこなわない。学習者は教師の言うとおりに自分たちだけで動作をおこなう。

⑱ ⑰を何度か繰り返し、今度は、学習者一人ずつ⑰をさせて、理解できているかどうかを確認する。

⑲ 学習者全員が理解できていると判断したら、日本語で「机の左に立ってください」「机の右に立ってください」というように、新しい語彙を付けくわえることで難易度を段々と高くしていく。

⑳ 教師は、日本語の新しい語彙を導入する時は、必ず①〜⑥のように、動作も自分でおこなって、学習者の理解を促す。

　こうした手順を踏みながら、上記手順の折々で適宜、各学習者に教師の代わりをさせます。つまり、学習者が交代で他のクラスメートに命令を出すように指導します。

ここで、初めて各学習者は、これまで聴いて理解してきたことを発話することになるわけです。これが、学習者にとって「話す練習」になるのです。

　オーディオ・リンガル教授法では、学習者は「聴く・話す」練習をほぼ同時におこないましたが、全身反応教授法では、聴いて理解できるようになるまでは、話す練習はおこないません。

　以上が、「聴解アプローチ」と呼ばれる全身反応教授法の実践方法です。

　アッシャー自身が述べているように、全身反応教授法においては、教師は舞台におけるディレクター、つまり、舞台監督であり、学習者は、アクター／アクトレス、すなわち、役者ということになります。役者は、舞台監督の指示をよく聞きながら演じることを要求されるというわけです。

　全身反応教授法の手順そのものは、比較的簡単です。「これなら自分にだってできる」と思った人が多いかもしれません。しかし、現実は、そんなに甘くはありません。

　手順に沿って効果的な授業をするためには、それなりの準備が必要です。

　例えば、アッシャーが指摘するように、授業で導入する予定の「動詞を中心にした言語項目」は、前もってしっかりと教師の頭に入っていなければなりません。

　「さてと、今度はどんな命令を出そうかな。どんな順序で導入しようかな」などと、授業をしながら次のステップを考えていたのでは、よい授業などできるはずがありません。

どのように教えるのか　53

# 第4章　サイレント・ウェイ

　サイレント・ウェイ（沈黙法）は、アメリカの心理学者ガテーニョによって提唱されたもので、初級レベルの学習者の「聴く・話す」力の養成を最大目標としています。

　サイレント・ウェイの特徴として、次のような点が挙げられます。

> ●サイレント・ウェイの特徴
>
> ① 教師は、授業中の９０％は黙ったままで、できるかぎり学習者に言語活動の機会をあたえる。この方法は、クラッシェンとテレルが提唱したナチュラル・アプローチのインプットの仮説に通じるものがあります。
>
> ② 教師が沈黙を守っている代わりに、言語項目の意味、正しい発音の仕方、文法規則などは、学習者自身が試行錯誤しながら発見することを求められます。いわゆる、学習者の発見学習が重要になるわけです。
>
> ③ 学習者の暗記力だけでなく、推察力・思考力・創造力・想像力・問題解決力も重視されます。

　サイレント・ウェイを利用した授業においては、学習者は能動的・積極的な参加を求められます。

　全身反応教授法では、学習者は教師の指示に従うことで授業をこなしていけばよいのですが、サイレント・ウェイではそういうわけにはいきません。

どういう語句・文型を学習しているのか、そして、それがどういう意味なのか、どのようにすれば正しく発音できるのか、といったことを学習者自身が考え、自分の考えたこと、自分の試したことが正しいのかどうかを確認しながら学習を進めていかなければなりません。

　教師の役割は、学習者が言語項目の意味を正確に理解しているかどうか、文型を的確に活用しているかどうか、発音は間違っていないかどうかなど、学習者へフィードバックすることです。正しい場合はうなずく、間違っている場合は、首を横に振るなどして合図をします。

　学習者は、教師が「そのとおり。それでいいですよ」と合図してくれるまで、何度も繰り返し、間違いなくできるようになるまで試すことになります。

　他のクラスメートがトライしている間も、自分が直接トライしている時と同じように授業に集中する必要があります。教師が他の学習者にＯＫの合図を出した時に集中していれば、なぜＯＫなのかを理解できるからです。

　このように、他の学習者から学ぶということも非常に大切なことです。つまり、これが、能動的かつ積極的に授業に参加するということなのです。

　サイレント・ウェイの基本原則は、実践を通して**自学自習**を促進することです。

　例えば、みなさんも「パソコンをもっと上手に活用できたらなあ」、と思うことがあるはずです。でも、どうすれば、もっと上手になるでしょうか。いくら、「ここでダブル・クリックすればいいんだよ」とか「こうして右クリックをすれば、新しいフォルダって表示され

るから」と説明を受けるだけでは、上手にはなりませんね。

　パソコンを使いこなすようになるためには、実際に自分でパソコン操作をしながら覚えていくことが大切です。サイレント・ウェイは外国語学習にも同じことが言えると主張しているのです。

　自分でいろいろ試しながら答えを見つけ、要領を覚えこんでいく方がより効果的だというわけです。

　前述したように、サイレント・ウェイでの教師の役目は、教える内容と手順を考え、学習者に問題提起することです。答えを探し出すのは学習者の役目です。学習活動は学習者自身がやることであって、教師はその学習活動を活性化するために手助けをするだけです。

　サイレント・ウェイの実施にあたっては、以下のような専用教具が必要です。

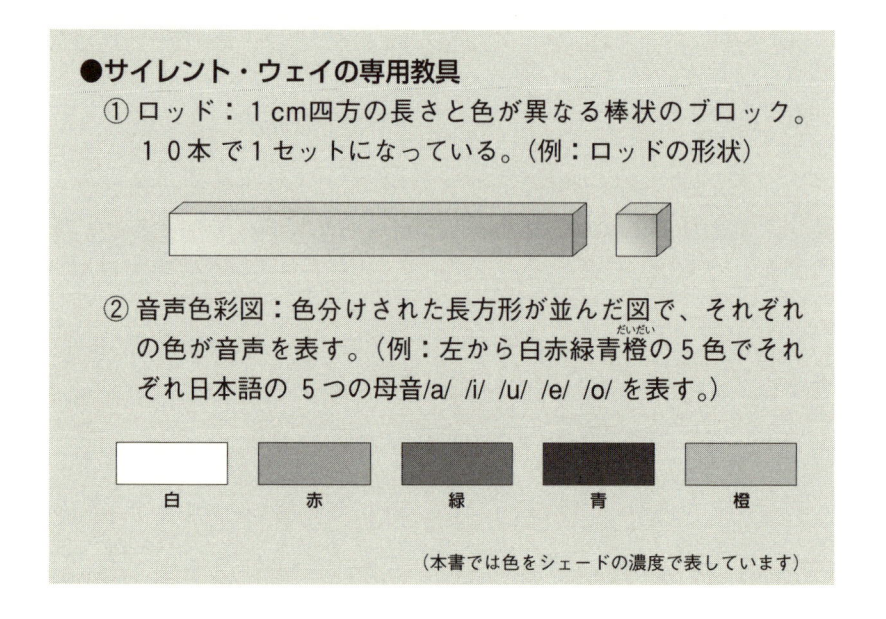

---

●サイレント・ウェイの専用教具

① ロッド：1cm四方の長さと色が異なる棒状のブロック。10本で1セットになっている。（例：ロッドの形状）

② 音声色彩図：色分けされた長方形が並んだ図で、それぞれの色が音声を表す。（例：左から白赤緑青橙(だいだい)の5色でそれぞれ日本語の5つの母音 /a/ /i/ /u/ /e/ /o/ を表す。）

| 白 | 赤 | 緑 | 青 | 橙 |

（本書では色をシェードの濃度で表しています）

③ フィデル：音声と綴りを色分けした図。(例：「あ」音声は /a/ というのは、②の音声色彩図と同じ色が使われているので学習者は理解できる。)

あ

④ 単語図：単語が並んだ図で、②の音声色彩図と同じ色分けがされている。(例：「あお」ここでは、「青」という意味。「あ」は白で「お」は橙で書かれているので、/a/ /o/ と発音することがわかる。)

あ
お

⑤ 指示棒

　この専用教具は、ガテーニョが権利を所有していて、販売はEducational Solutions Inc. がおこなっています。したがって、サイレント・ウェイを利用しようという教師は、まず、この専用教具を購入する必要があります。

　サイレント・ウェイで授業をおこなう場合は、バリエーションはありますが、大体以下のような手順を踏みます。

## ●サイレント・ウェイを利用した授業の一般的手順

① 音声色彩図を使って単音の発音練習をする。例えば/a/ /i/ /u/ /e/ /o/ の5母音を教えたいとき、指示棒で、母音を表す色別された5つの長方形を左から順に指し示す。この時は、教師は発音しない。

② ①を何度か繰り返す。

③ ①の要領で教師は/a/ /i/ /u/ /e/ /o/ と1度だけ発音する。

④ /a/ を表す白い長方形を指示棒で指して学習者に発音するよう合図する。同じ手順で順次残りの母音の発音練習をする。

⑤ /ao/ と発音させたい時は、/a/ を表す白い長方形と /o/ を表す橙色の長方形を連続して指し示し学習者に発音を促す。

⑥ フィデルを用いて音節・語句・文の単位で発音練習する。手順は①〜⑤と同様におこなえばよい。

⑦ 同様のやり方で単語図を使って語彙や数などの表現を学習する。

⑧ さらに、ロッドを使って、色や長さ、位置関係などを学習することで、表現の幅を拡げていく。例えば、位置関係の学習をする場合、ロッドを使って以下のような練習が可能である。

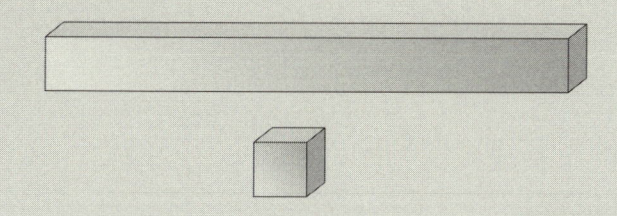

例：まず、長いロッドを「ソファ」そして短いロッドを「テレビ」に見立てるように学習者の共通理解を確認する。

　　長いロッドを指しながら、「これはソファです」
　　短いロッドを指しながら、「これはテレビです」etc.

以上のことを学習者が理解したことを確認してから、教師が質問をする。

　　長いロッドを指しながら、「これは何ですか」
　　短いロッドを指しながら、「これは何ですか」

　　何も指さずに、「テレビはどこにありますか」
　　何も指さずに、「ソファはどこにありますか」

　　etc.

⑧のような練習は、かなり高度なものですから、学習者が正しく位置関係を述べるようになるには時間がかかります。数ある教授法の中でも、特に、サイレント・ウェイは、教師の力が問われる教授法と言えるでしょう。

# 第5章 コミュニティー言語学習法

　コミュニティー言語学習法は、カウンセリングを専門とするアメリカの心理学者カランによって提唱された教授法です。オーラル・スキルの養成を主な目標としています。

　最もよく知られている特徴は、授業においては、教師は**カウンセラー**、そして学習者は**クライアント**と呼ばれることです。

　つまり、コミュニティー言語学習法においては、教師と学習者は、カウンセリングにおける助言者と助言を受ける者との関係としてとらえられているのです。

　もちろん、教師は、本当の精神カウンセラーの役目を果たすわけではありません。外国語学習に対する学習者の心配・不安・焦りといった精神的な壁をできるだけ取り除いてやる役目も担っているということです。

　この点は、ナチュラル・アプローチのフィルターの仮説と共通していると言えるでしょう。

　コミュニティー言語学習法を用いた授業は、おおむね次のような手順で進められます。

## ●コミュニティー言語学習法の一般的授業手順

① 4〜5人の学習者がテーブルを囲んで、お互いが見えるように座る。教師は、学習者の外側に立つ。テーブルの上にテープ・レコーダーを置く。

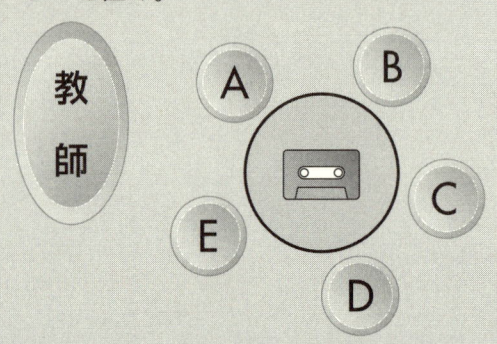

② 教師は学習者に学習者の母語（ここでは、英語と仮定する）で、以下のようなことを説明する。

　a) 学習者は教師の助けを借りて日本語で会話をおこなう。
　b) その会話はテープに録音される。
　c) あとで、その会話のスクリプト（台本）を作成する。
　d) 作成したスクリプトを使っていろいろな言語活動をする。

③ 学習者Aに、他の学習者に対して、何でも言いたいことを母語で言うように促す。

　**学習者A**：What time did you get up this morning?

④ 教師は学習者Aの耳元でAだけに聞こえるように、その英語文を日本語文に訳す。

　　教　　師：今朝、何時に起きましたか。

⑤ 学習者Aは、教師が教えてくれた日本語文をみんなに聞こえるように繰り返す。

　　学習者A：今朝、何時に起きましたか。

⑥ 教師は学習者Bに母語で学習者Aに応答するように促す。

　　学習者B：I got up at seven.

⑦ 教師は学習者Bの耳元でBだけに聞こえるように、その英語文を日本語文に訳す。

　　教　　師：7時に起きました。

⑧ 学習者Bは、教師が教えてくれた日本語文をみんなに聞こえるように繰り返す。

　　学習者B：7時に起きました。

このようにして、順次会話を続けます。この会話はすべて録音されます。

⑨ 教師は、録音された日本語での会話を書き取ってスクリプトを作成する。学習者に聴き取らせながら黒板に板書してもよい。

⑩ ⑨で作成したスクリプトを用いて各種の練習をする。

　学習の初期段階では、自分の言いたいことを学習者の母語で表現しますが、学習が進むにつれて、日本語の使用度を増やしていきます。

　最終的には、教師と学習者、あるいは学習者同士で、母語をまじえずに、日本語だけで会話ができるようになることを目指します。

## 第6章　暗示式教授法

　ブルガリアの精神科医ロザノフによって提唱された教授法で、会話能力を速く身につけさせることを目標にしています。

　暗示式教授法は英語では Suggestopedia と言います。暗示学 (the study of suggestion) の教授法への応用 (the application to pedagogy) という意味です。

　ロザノフは、人間は限界を感じることで不安に思うもので、そうしたマイナスの暗示から解き放たれる必要があると考えるのです。図３－１が示すように、このマイナスの暗示をプラスの暗示に変えることが重要だと主張するのです。

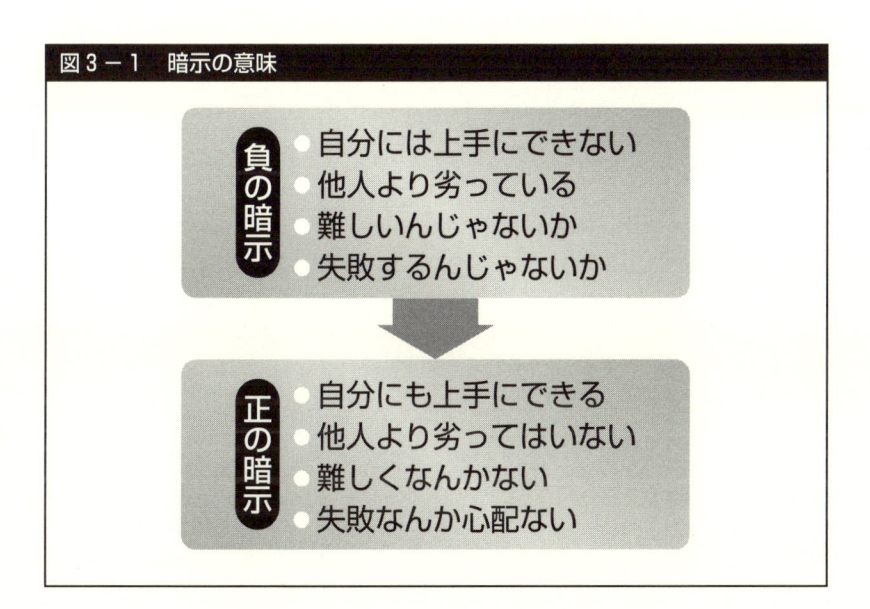

図３－１　暗示の意味

負の暗示
- 自分には上手にできない
- 他人より劣っている
- 難しいんじゃないか
- 失敗するんじゃないか

↓

正の暗示
- 自分にも上手にできる
- 他人より劣ってはいない
- 難しくなんかない
- 失敗なんか心配ない

外国語の学習においては、学習者の「上手くできないんではないか」という心理的な壁を取り除いてやれば、学習者は外国語を速く身につけることができるというわけです。教師の役目はそのマイナスからプラスの暗示への変換プロセスを手伝ってやることなのです。

　暗示式教授法の特徴は、何と言っても、学習者がクラシック音楽を聞きながら学習をすることでしょう。

　ゆっくりとリラックスした雰囲気の中、暗示と心理的集中力によって、効果的な学習を可能にするというのが暗示式教授法の基本的な考え方です。静かな心地よい音楽が、この教授法の軸になると言ってよいでしょう。ですから、音楽は、古典派や初期ロマン派のものが好まれる傾向にあるのです。

　アメリカでスーパー・ラーニングとも呼ばれる暗示式教授法は、だいたい以下のような流れでおこなわれます。

● 暗示式教授法を利用した授業の一般的手順

① 学習者はゆったりとしたひじ掛椅子に座る。教師は、日本語と学習者の母語の両方で書かれた会話文を学習者に手渡す。

M＝麻耶　T＝Tom

| | |
|---|---|
| M：家に帰るの？ | M: Are you going home? |
| T：いや、夕食を食べようと思ってんだ。一緒にどう？ | T: No, I'm going to eat dinner. Do you want to have dinner with me? |
| M：ありがとう。でも、今日はだめなの。 | M: Thank you, but not today. |
| T：そんな事言わずに。何か食べなきゃいけないじゃない。 | T: Come on! You have to eat something. |
| M：忙しいの。今夜レポートをタイプしなきゃいけないの。 | M: I'm busy. I have to type up my paper tonight. |
| T：じゃ、こうしよう。君は僕と夕食を食べる。僕は君のレポートをタイプする。どう？ | T: Tell you what. You eat dinner with me. I type up your paper. What do you say? |
| M：素晴らしい。 | M: That's excellent. |

どのように教えるのか　67

② 教師は、会話の内容・語彙・文法事項の説明を学習者の母語と日本語を織り交ぜておこなう。学習者は渡された会話文を見ながら教師の説明を聴く。学習者も自由に質問をおこなう。その際の使用言語は、学習者の母語、日本語のどちらでもよい。

③ 教師は学習者がリラックスしやすい、耳に心地よい音楽を流す。（必ずしもクラシック音楽でなくてもよい。）

④ 教師は、会話文を朗読する。その間、学習者は手にした会話文を目で追いながら教師の朗読を聴く。この最初の朗読の時は、教師は、音楽のリズム・テンポ・ポーズにあわせてドラマチックに読む。

⑤ 次に第2回目の朗読をする。この時は、教師は自然な形で朗読をおこなう。その間、学習者は目をとじて朗読を聴く。

⑥ 学習者による朗読、ロール・プレイやゲームなどを活用して、学習したことの強化・定着化をはかる。

コミュニティー言語学習法と同じように、暗示式教授法は、特に、学習者の外国語学習に対する心理的壁をできるだけ取り除いてやることに工夫を凝らした教授法と言えます。

実際の教室においては、実施はなかなか難しいですが、音楽を流すだけでなく、照明も落としてリラックスできる雰囲気を創り出すこともおこないます。

アロマセラピーでおこなうようなエッセンシャル・オイルでの香り効果を出すようにする教師もいます。そうした学習環境を設定することが可能であれば、最大限利用することをお薦めします。

## 第7章 文法・訳読教授法

　これまで見てきた各教授法は、手順こそちがいますが、すべて、基本的には聴く・話す・読む・書くの4技能のうち、聴く・話す能力の養成を目指したものでした。

　この第7章で扱う文法・訳読教授法は、おもに読む能力の養成を目指すものです。

　文法・訳読教授法の本来の目的は、ギリシャ語やラテン語などの古典語を学習し、古典的教養を身につけることにありました。ですから、文法・訳読教授法は、古典的教授法と呼ばれたこともあったのです。

　日本においては、欧米先進諸国の文化やものの考え方、そして、特に、科学技術の知識を獲得するために、ドイツ語や英語などで書かれた文献を日本語に訳すという方法が用いられるようになりました。

　文法・訳読教授法の授業は、だいたい以下のような流れに沿っておこなわれます。

●文法・訳読教授法を利用した授業の一般的手順

① 日本語で書かれた教材を学習者に渡す。

（例）このコースは日本社会や日本文化を理解するために準備されたものです。日本とみなさんの国の社会や文化を比較しながら、類似点や相違点を考えるのが目的です。

② 日本語の語彙・文型・文法事項などを説明する。教師は、説明にあたっては、学習者の母語（ここでは、英語話者を学習者とみなす）を用いる。

（例）1）準備された (be prepared) （受動態になっています。）
　　　2）社会 (society) 文化 (culture)
　　　3）〜ながら (do more than one thing at the same time as in "I often watch TV while I eat dinner.")

③ 学習者は、学習したことを応用して、単語・語句・文単位で日本語から英語に訳す練習を重ねる。その後、文章へと拡大する。

（例）1）新聞を読みながら食事をします。
　　　2）勉強しながらラジオを聴きます。

　教師の役割は、語彙・文型・文法事項をできるだけわかりやすく提示・説明することです。学習者は、学んだことを逐次応用しながら、原文の意味理解に努めます。

　もっぱら、辞書と文法書を片手に生の素材を読みこなしていきます。

教材としては、新聞・雑誌・小説等、普段の日本の生活の中で、日本人が読んでいるものを用います。

　その他、地図・レストランのメニュー・列車の時刻表・宣伝用チラシなど、教材として使えるものはたくさんあります。

　学習すべき言語項目は、あたえられた教材によって決定されます。ですから、言語項目を、より簡単なものから複雑なものへと配列するのは極めて難しくなります。

　ただし、教師は、学習者の興味を引く教材を選択し、内容の難易度をコントロールすることは可能です。

　例えば、いきなり文学作品を教材としてあたえるわけにはいかないでしょう。やはり、新聞や雑誌などから身近なトピックについてわかりやすく書かれたものを選ぶことが必要になります。

　文法・訳読教授法は、なんら確固たる学習理論に基づいた教授法ではありません。しかし、読解力の養成には非常に効果的な方法です。しかも、大人数のクラスでも教えることができるという利点があります。

　文法・訳読教授法では、聴く・話す技能の力は身につかないと嘆く人が多いのも事実です。しかし、それは、嘆くほうがまちがっています。前述したように、文法・訳読教授法は読解力を養うための方法です。聴く・話す力を身につけることを目指したものではありません。

　文法・訳読教授法でオーラル・コミュニケーションの力をつけようとすることの方が問題です。教師は、この事をしっかりと念頭に置く必要があります。

# 第8章 折衷教授法

「どのような方法で日本語を教えていますか」と質問を受けた場合、ほとんどの日本語教師は、「いろいろな方法で教えています」と答えると思います。

これは、学習効果を上げるのに役に立つと思われる方法であれば、何でも利用しているということです。

2つ具体例を見てみましょう。

● (例1) サイレント・ウェイの応用

日本語の母音の長短の差は、学習者には、なかなか聴き取りにくいようです。

|  |  |
|---|---|
| おじさん | おじいさん |
| おばさん | おばあさん |

この母音の長短を視覚的に提示して、指示棒を使いながら学習者に理解させる。聴き取れるようになったら、今度は発音練習をさせる。

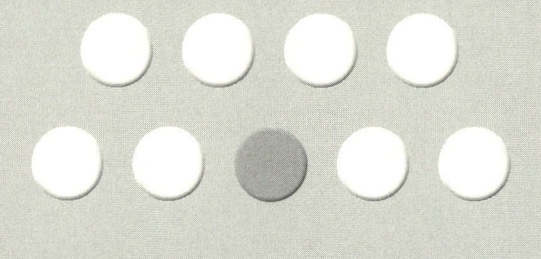

○を使うのがコツです。

● (例2) 全身反応教授法の応用

日本語クラスでよく使う表現を日本語だけで最初の授業で教える。

- 聴いてください。　● 言ってください。　● もう一度
- もっと大きな声で言ってください。
- テキストを開けてください。　● テキストを閉じてください。
- 3ページを開けてください。

　このように、オーディオ・リンガル教授法やコミュニティー言語学習法といった、ある特定の教授法だけを用いるのではなく、いろいろな教授法の中から、学習者のニーズや目的に合ったもの、あるいは各レッスンで応用できるものをケース・バイ・ケースで採用していく方法を折衷教授法と呼んでいます。

　折衷教授法の長所としては、さまざまな授業形態や言語活動に柔軟に対応できるということです。

　ただし、折衷教授法を利用するためには、教師は、これまで見てきた各種の教授法の利点・弱点を、よく理解することが前提になります。そこではじめて、どのような場合にどの方法で授業を進めていくべきかが的確に判断できるのです。

　それに、X教授法は役に立つけど、Y教授法は役に立たない、というように一概に言うことはできません。どの教授法を選んでも、上手くいくかどうかは、教師の資質・力量・性格・学習環境によって、そして、学習者の日本語学習に対する適正・動機・目的・ニーズといった要因によって大きく左右されるからです。

教師と学習者、そして、学習者同士の関係も授業の成否を決める大きな要素になります。英語担当のA先生が嫌いだから英語を嫌いになった、というような経験をした人が、みなさんの中にもいるのではないでしょうか。

　授業の成否は、教授法だけの問題ではないのです。教師と学習者、そして学習者同士の信頼関係は非常に大切です。相互の信頼関係を築くことが、外国語学習に対する心理的壁を克服する一助となるのです。

　クラスメートの前で失敗しても恥ずかしいと感じることなく、お互いの失敗を助け合うことで、それを外国語能力を伸ばしていくためのプラスのエネルギーに変えることができるとすれば、こんな素晴らしいことはないと思います。

# 第4部 教室活動

## 第1章 言語技術とコミュニケーション能力

　外国語教育における言語技術は次の4つに分けられ、4技能と呼ばれています。

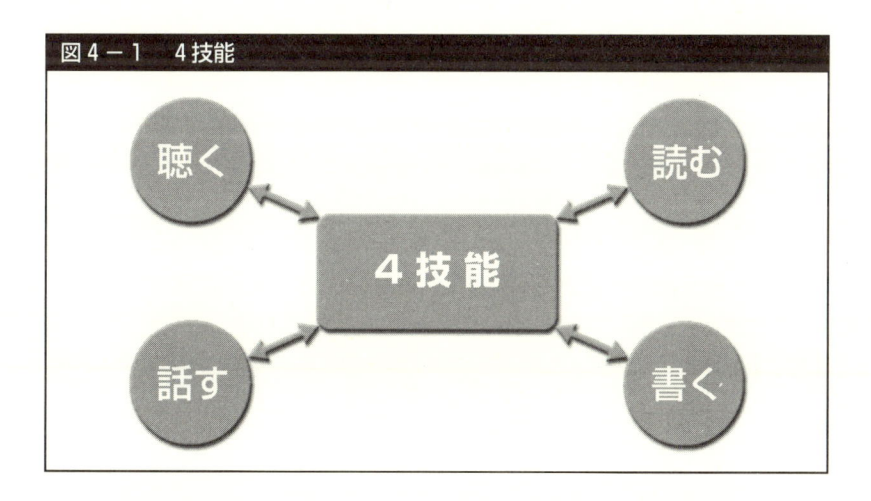

**図4-1　4技能**

聴く　読む　話す　書く　4技能

　授業をおこなう場合、子供が第1言語（母語）を習得していく過程に倣って、以下のような順で教えるのが普通です。この事は、第3部でも確認しました。

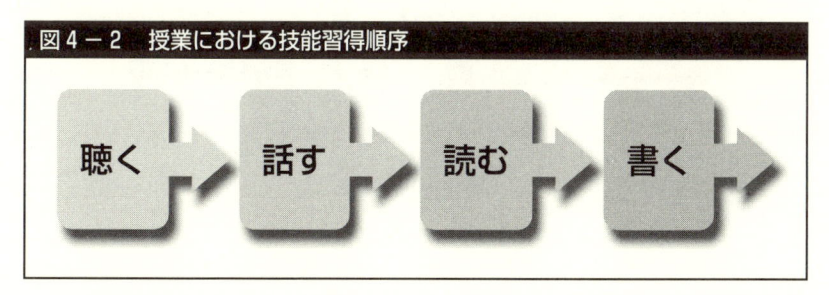

**図4-2　授業における技能習得順序**

聴く → 話す → 読む → 書く

これらの技能を身につけるために、何が必要かを提示するのがシラバスでした。そして、どのようにして身につけていくのかを考えるのが教授法でした。

　しかし、コミュニケーションをおこなうためには単に言語技術を身につけるだけでは十分ではありません。

　コミュニケーションとは身につけた言語技術を実際の場面で使うことです。相手との社会的やりとりを適切におこなうことです。そのためには、身につけた言語技術を上手く使う能力が必要になります。

　この言語技術を上手く使う能力のことを「**言語運用能力**」と呼びます。

　そして、この言語運用能力を構成するのが次の4つの能力です。

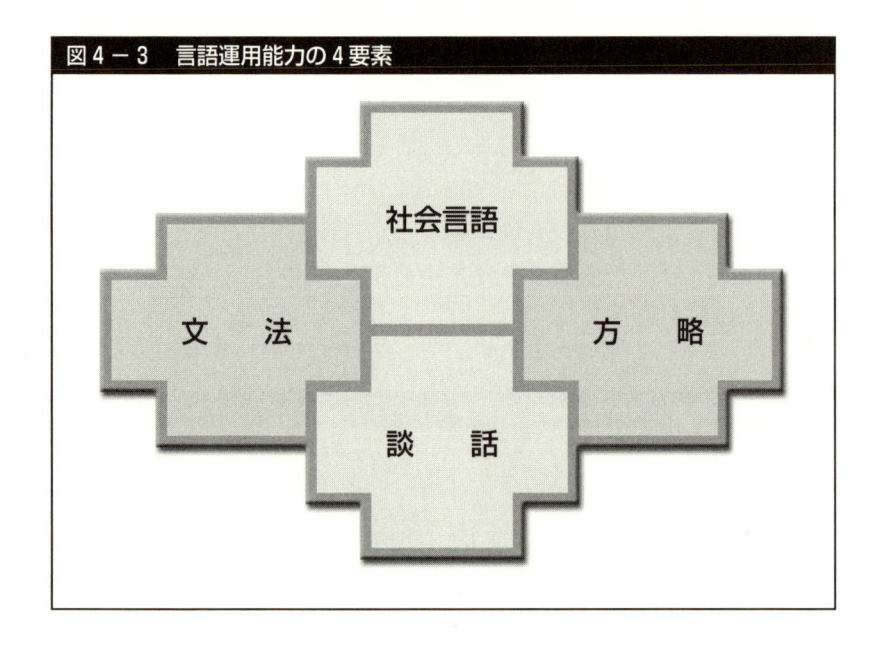

図4－3　言語運用能力の4要素

- 社会言語
- 文法
- 方略
- 談話

[**文法能力**]とは、語彙・音声・文法・文型・綴りなど、ことばに関する法則をまちがいなく適用することができる能力のことです。発話の文字どおりの意味を、理解し、表現するために必要です。

　ここで、しっかりと念頭に置いてほしいことは、文法能力とは文法を理屈で説明できる能力ということではありません。

　正しい使い方ができるかどうか、そして、もし、まちがってしまったら、自分で訂正できるかどうか、が問題なのです。

　次の2つの文で用いられている助詞「へ」「に」のちがいが説明できますか。

　　　　　① 郵便局へ行きました。

　　　　　② 郵便局に行きました。

　文法的には、「へ」は方向、「に」は場所を表すという説明ができます。しかし、この説明ができなくても、実際のコミュニケーションにおいては、問題はありません。

　しかし、もし、「郵便局が行きました」と言ったらどうなるでしょう。

　例え、言いまちがいをしたとしても、すぐに、「郵便局へ行きました」あるいは「郵便局に行きました」と訂正できれば、その人は文法能力があるということです。日本語を第1言語（母語）としている人であれば、すぐに訂正できるはずです。

　ところが、日本語学習者にとってはそう簡単なことではありません。「へ」と「に」の文法的知識はあったとしても、それを使いこなすことができなければ、その学習者は日本語の文法能力がないとい

うことになるのです。

[社会言語学的能力]とは、社会的要因と言語的要因を適切に使い分けることができる能力のことです。例えば、日本語では、相手の年令や社会的身分等によって、ことばの使い方を変える必要があります。

文法的には正しくても、社会言語学的には間違っている場合もあります。次の文を見てください。

　　　　　おじさん、お早う。

文法的には間違っていません。しかし、もし、学生がキャンパスで教師に会った時に使ったらどうでしょうか。社会言語学的には問題があります。

[談話の能力]とは、一連の文を全体的に一貫性のあるコンテクストとして理解できる能力のことです。次の会話文を見てください。

　　　　**良廣**：だれか玄関に来たみたいだよ。

　　　　**正和**：今、風呂に入ってんだ。

　　　　**良廣**：わかった。

それぞれの文を個別に見ると、意味的にはバラバラです。しかし、全体的には談話として成り立っています。

もちろん、良廣は「だれか玄関に来たみたいだよ」と言うことで、正和に、誰が来たのか玄関まで行って見てくるように頼んでいるわけです。

正和は「今、風呂に入ってんだ」と返事することで、良廣に、今玄関まで行けないから自分で行ってよ、と伝えています。

　それを聞いた良廣は、「わかった」と言うことで、自分が行くと正和に伝えているわけです。

　このように、各発話者の本当に言いたいことは何なのかを理解できる能力がコミュニケーションには必要なのです。文字どおりの意味を理解するだけでは、効果的なコミュニケーションはできません。

　[方略の能力] とは、コミュニケーションが円滑に進まない時に、言語的・非言語的手段を用いてコミュニケーションの機能を修正する能力のことです。

　相手の言っていることが理解できない場合、例えば、質問をしたり、再度説明を求めたりします。場合によっては、ジェスチャーを使って相手に理解してもらう努力をすることもあるでしょう。

　意味がわからない単語に出くわしたら、辞書を引くこともあります。これも、方略の1つです。

　相手が日本語をよく理解できない外国からの人であれば、ゆっくり話してあげたり、できるだけわかりやすい語句を使ったりしてあげるはずです。

　コミュニケーションを上手く運ぶためのさまざまな手立てができる能力が方略の能力というわけです。

　日本語教師の役目は、授業をとおして、学習者が日本語の言語技術と日本語の言語運用能力を兼ね備えることができるように手伝ってあげることなのです。

## 第2章　学習効果を上げるための基本原則

　学習スタイルについて考えたことがありますか。もっと簡単に言うと、学習の仕方についてということです。

　今、この本を読んでいる人のほとんどは、英語学習の経験があるでしょうから、その時のことを思い出してみてください。

　みなさんは、どのような方法で英語学習に取り組んだでしょうか。

- 英単語をアルファベット順にノートに書きながらスペリングを覚える。

- 自分の単語帳を作って英語と日本語訳を見ながら頭に入れる。

- It is too ～ to ＝あまり～なので～できない、というように文型だけを覚える。あるいは、It is too windy to go out. のように、例文といっしょに覚える。

- 単語や熟語を発音しながら意味や強勢アクセントの音節部を覚える。

　リスニングの練習については、どうですか。最初はテキストを見ずに、耳だけで理解しようとしましたか。それとも、テキストを見て内容を確認してから、テープやＣＤを聴くようにしましたか。

　英語で書かれた文章を読んでいて、わからない単語が出てきた場合はどうしましたか。

　すぐに、辞書を引きましたか。それとも、前後の文脈から意味を推察してから正しいかどうかを確かめるようにしましたか。

会話練習についてはどうですか。センテンス・バイ・センテンスで少しずつ、教師の指示にしたがって覚えていく方がやりやすかったですか。それとも、教師と比較的自由な会話をしながらの方が頭によく入りましたか。

　ビデオなどの視覚的刺激があった方が、理解度は増しましたか。それとも、テキストとにらめっこしながら、自分で覚えていく方が好きでしたか。

　おそらく、それぞれちがった学習方法を取り入れたはずです。

　ポイントは何か。それは、学習者全員がまったく同じ方法で学習することはあり得ないということです。

　日本語学習者もさまざまな学習方法を取り入れます。漢字を何度もノートに書きながら、必死に暗記しようと頑張る学習者。漢字カードをじっと見つめて覚えてしまう学習者。

　口頭練習では、口が凍りついたかのように上手く発音できない学習者。それでいて、聞き取りの練習はあっさりクリアしてしまったりする。これが同じ学習者か、と驚くことがよくあります。

　こうしたことは、学習者をよく観察していればわかります。この教師の観察力が教授力を左右するのです。

　授業中の観察は、科学的検証をしながらやっていくわけではないので、判断はかなり主観的なものになります。しかし、少なくとも教師は、各学習者の学習方法について把握できるはずです。

　このように、さまざまな学習方法で日本語を身につけようとする学習者たちに、できるかぎりわかりやすい授業を提供するためには、教師として、次のような基本原則を考慮すべきです。

●学習効果を上げるための基本原則

① 学習者の興味・関心と学習内容を関連づける。

② 学習者の既習知識・予備知識を把握する。

③ モデルを提示する。

④ 学習者にチャレンジの機会をあたえる。

⑤ 内容に変化を持たせる。

⑥ 学習者からの質問を促す。

⑦ 学習者自身にも学習への責任を持たせる。

興味や関心のあることは、だれでも一生懸命やります。また、すぐに役に立つことではなくても、将来の目的・ニーズに関連したことであれば、学習意欲も出てきます。

もちろん、授業でやることすべてをすべての学習者の興味・関心と結びつけることは不可能です。しかし、各学習者の興味・関心をそそるような課題をそれぞれあたえるような工夫は可能です。

何か新しいことに挑戦しようとする時、予備知識が豊富なほうが有利であるのは当然です。しかし、現実には、各学習者の予備知識には質・量ともにちがいがあります。

新しいことを学習するにしても、簡単すぎては、学習者は退屈します。逆に、難しすぎては理解できず学習がいやになり、そして意

欲を失ってしまいます。それが積み重なると、心理的壁ができてしまい、苦手意識が頭をもたげてきます。

　教師は、学習者が何をどの程度知っているのか、どこが理解できないのか、なぜ理解できないのかを把握する努力が必要です。

　モデルを示すことも学習効果を上げるために大切なことです。目は口ほどに物を言う。百聞は一見にしかず。「納豆」とはどんなものかあれこれ説明するよりも、現物を見せる方が明確に理解できます。実際に口に入れてみれば、もっとわかります。

　学習者自身で正解や解決策を見つけるように方向づけをしてやることは、有益です。すべてを教師があたえるのは、良いやり方とは言えません。学習者にまかせることも重要です。

　そのためには、授業の目標・目的を学習者にしっかりと理解してもらう努力が教師側に求められます。学習者は何を期待されているのかを明確に理解し、そして、教師は学習者にチャレンジする機会をあたえるのです。

　授業内容にバラエティを持たせる工夫も教師の役目です。例えば、発音練習にしても同じことの繰り返しだけでは、学習者はうんざりしてしまいます。設定された目標・目的を達成するためには、手を変え品を変えることです。

　学習者が、わからないことや知りたいことを積極的に質問できる学習環境作りも大切です。例えば、「何かわからないことがありますか」という聞き方を「もう１度説明をしてほしい箇所がありますか」という聞き方に変えるだけでも、学習者の質問意欲を高めることができます。

　質問をした学習者に対し、「こんな事もわからないの」という印象

を教師があたえることがないように、注意が必要です。

　学習者が自由に質問できる環境を作ることができれば、それだけ学習者の情意フィルターが減少します。そうなれば、より大きな学習効果が期待できます。

　学習者自身に学習の責任をもたせることも大切です。実際、学習するのは学習者自身です。自分で進んで学習に取り組む方が、効果が上がります。

## 第3章　聴く活動

　この第3章と、あとに続く第4章、第5章、そして、第6章で実際に教室で利用できる言語活動の具体例を紹介します。

　聴く・話す・読む・書くの4技能に分けてそれぞれ紹介していきますが、この区別はあくまでも便宜的なものです。聴く活動として紹介したものが、聴く活動のためにだけ使われるものということではありません。

　場合によっては、聴く活動以外に、書く活動に使えるかもしれません。また、その逆のケースもあるでしょう。想像力を働かせて、いろいろな応用法を考えてください。

　学習者にとって、聴いて理解するというのはかなり難しいものです。その理由として、次のようなことが挙げられます。

●聴解の難しい理由

① 話す・読む・書くという活動とちがって、聴くという活動においては、日本語学習者は、相手の話す速度・話の内容・言語表現をコントロールできない。そして、通常は、1度しか相手は言ってくれない。そのため、日本語学習者は、今言われている意味を理解しようと必死で、その後に続いて言われたことをちょっとでも聞き逃してしまうと、全体の意味がわからなくなってしまうことがよくある。

② 聴くことに集中するのは容易ではない。学習者自身が疲れていたり、内容に興味がなかったり、退屈したり、というようなことが原因で相手の言っていることが理解できなくなることもある。

③ 教室の音響的環境がよくない場合、教室外のノイズやクラスメートたちの私語も含めた教室内での雑音等によって、よく聴き取れなかったりする。

④ 聴解活動の内容が学習者にとって難しすぎる。

⑤ 学習者は一字一句まちがいなく、すべて理解することを要求されることがよくある。その場合、いくつかわからない箇所があると学習者はパニック状態に陥ってしまい、ますます理解できなくなってしまう。

　以上のような理由で、聴解に失敗してしまうと、学習者は学習意欲をなくしてしまったり、途中で聴くのをあきらめてしまうことがよくあります。これらのことを念頭に、教師は、教室での聴解活動をしっかりと考案・準備する必要があります。

　長年、聴くという技能は受け身的なものだと考えられてきました。ただ、相手の言うことを聞けばよい、と思われてきたのです。

　そのため、授業ではとにかく聴くということに専念してきました。「どんな難しいものでも、100回聴けば、わかるようになる」式のやり方です。しかし、実際は、わからないものは何度聴いてもわかりません。

　ただ、単に何度も聴くというだけでなく、聴くための要領も身に

つける必要があるのです。

　また、テープやＣＤなど、聴解用教材として作成されたものの多くは、はっきりと丁寧に発音された会話文が主体になっています。しかし、実際のコミュニケーションにおいては、必ずしも、そうではありません。

　車が行き交ってる中での会話。ジェット・エンジンの音を聞きながらの機内アナウンス。泣いている子供のそばでの会話。また、男性・女性・子供・高齢者等、さまざまな話し手による日本語。

　学習者は、日本語というより、日本語変種(varieties of Japanese)に慣れることが必要なのです。

　それでは、聴く活動の具体例を見ていくことにします。

### 1. 音の識別

　聴く活動の第一歩は、日本語の音を正しく聴き取って識別できるようになることです。

　音声のちがいで意味も異なってくるのですから、大変重要です。次の例を見てください。

> 咲く　/**s**aku/
> 巻く　/**m**aku/
> 沸く　/**w**aku/
> 炊く　/**t**aku/
> 書く　/**k**aku/

学習者は、各動詞の語頭の音声的ちがいを聴き分け、意味を区別できなければなりません。

母音の長短の差も、学習者にはなかなかわかりにくいようです。

| | |
|---|---|
| おじさん | おじいさん |
| おばさん | おばあさん |
| 地図 | チーズ |
| ビル | ビール |

促音も、学習者にとってはやっかいなようです。

| | |
|---|---|
| 着て | 切って |
| 居て | 行って |
| 町 | マッチ |
| 墓 | 発火 |

このように、1箇所だけが音声的にちがっている語彙を対立させたものをミニマル・ペアといいます。

特定の音の発音練習には、この方法がよく用いられます。対立している部分をはっきり認識させ、正しく発音できるようにさせるた

めに有効です。

## 2. 文の意味理解

単語レベルの練習から、文レベルの練習に移ります。全身反応教授法でおこなうように、命令文をあたえて、学習者に動作で反応させるようにするのも効果的な方法です。

第3部第8章の「折衷教授法」でも紹介したように、教室で頻繁に使用される日本語表現を導入するには、適切な方法だと思います。教師がうまくデモンストレーションをおこなえば、学習者はよく理解できるはずです。

テキストの3頁を　| 開いて / 読んで / 見て |　ください。

| もう1度 / ゆっくり / 大きな声で |　言ってください。

> 黒板に書いて
>
> もう1度書いて　　　ください。
>
> その漢字を読んで

### 3. ディクテーション

　聴き取ったままをノートに書く作業です。通常、教師が日本語文を読みあげるか、テープ・CD等の音声教材を用います。

　単語や短い文を2～3回聴かせ、学習者はそれを書き取っていきます。長い文を使用する場合は、文の半分だけを書き取らせる工夫も必要です。

●単語レベルの練習

　①りんご　②椅子　③黒板　④鉛筆　⑤机

●短文レベルの練習

　①これは、机です。
　②これは、鉛筆です。
　③あれは、黒板です。

●長文レベルの練習（1）

① これは、私のペンではありません。山田さんのです。
② これは、私の鉛筆です。それは、鈴木さんの鉛筆です。
③ あれは、山本さんのノートじゃありません。私のです。

●長文レベルの練習（2）（　　　）の部分だけ書かせる。

① この古本は、一冊１５０円で（佐藤さんが買ってきたものです。）
② 明日、中村さんといっしょに、（新宿で映画を見る約束をしました。）

## 4. クローズ手法

　クローズ手法は、英語のネイティブ・スピーカーを対象に、テイラーが開発した方法です。

　読書教材の難易度を測定するのが本来の目的ですが、聴く練習としても応用できます。

　本来の目的である読解力測定は、通常、以下の手順でおこないます。

① 本文全体を学習者に１度読ませる。

② 次に、本文の６～７番目にあたる語句をそれぞれ消去して空欄を設けたものを学習者に手渡す。

③ 学習者は、最初に読んだ全文を思い出しながら、各空欄に語句

を書き込んで本文を再生する。

　この要領を取り入れることで聴くための教材を作成することができます。次の例を見てください。

> 日本人は身分・地位にすこぶる（**敏感だ**）と言われます。このことは、お互いを（**紹介する**）ときの名刺交換によく表れています。（**特に**）ビジネスの世界ではそうですが、初対面での（**名刺交換**）の際、日本人は必ず相手の勤務先・役職名に（**目**）をやります。個人の社会的地位は、（**主として**）その人がどこに勤め、（**どんな**）役職に就いているかで（**判断される**）ので、名刺に記されたインフォメーションは日本人にとって（**非常に**）大切です。
>
> 『日本人の考え方を英語で説明する事典』
> 本名信行/ベイツ・ホッファ編　1989年　有斐閣　53頁

聴解練習は以下の手順でおこないます。

> ●クローズ手法を利用した聴解練習
>
> ① 上記の原文をテープに録音する。
>
> ② 原文から（　　　）の語句を消去したものをプリントして、学習者に配布する。
>
> ③ 原文のテープを聴かせながら、学習者に（　　　）を埋めさせる。

　前述したように、だいたい6〜7番目の語句をそれぞれ消去します。しかし、場合によっては、ここだけは正確に聴き取ってほしい、と思う箇所を意図的に空欄にすることもできます。

　ただし、その場合は、立て続けに2〜3箇所の空欄ができないように配慮が必要です。そうしないと、学習者は書き込みに追われて、そのあとに続く内容を聞き逃してしまいます。

　クローズ手法を応用する場合、会話文を利用することもよいでしょう。次のビルと郵便局員との会話例を見てください。

　ここでは、名詞句の部分を空欄にしていますが、助詞の部分を空欄にして、助詞の学習をすることも可能です。

ビル：すみません。これを（ニュージーランド）に送りたいんですが。

局員：（航空便）でよろしいですか。

ビル：はい、おねがいします。

局員：（10グラム）以下ですので（110円）になります。

ビル：どのくらいで着きますか。

局員：だいたい（1週間）くらいかかります。

ビル：そうですか。じゃ、おねがいします。

局員：はい。（切手）はこちらではっておきますので。

ビル：ありがとうございます。

## 5. 内容の概要把握

　暇つぶしに、ラジオを聴いたり、テレビを見たりすることもあるでしょう。しかし、たいてい何らかの情報を得るためにそうするのが普通だと思います。

　ラジオで天気予報や交通情報を聴いたり、テレビでプロ野球やサッカーの試合結果を見たり、何か目的があるはずです。

　何かほしい情報があって、人の話を聴く場合でも同じです。自分が手に入れたいと思っている情報が提供される瞬間は、特に注意を

払うのではありませんか。

　さほど、自分にとって重要でないと判断した内容や、あまり関心がない部分は、適当に聞き流すこともあるはずです。常に、一字一句を聞き逃さないように集中することはないでしょう。

　日本語学習においても同じことが言えます。聴解練習の際に、全てを理解するように要求する教師がいますが、あまり感心するやり方ではありません。

　ポイントをつかみ、あまり内容理解に重要でない部分は切り捨てる練習も大切です。

　ポイントをつかむ練習は、あらかじめキャッチすべき情報は何であるのかを、学習者に明確にしておくとよいでしょう。そのあとで、録音した本文を聴かせるようにします。

　そうすることで、学習者は要求されている情報が入っている部分に集中できます。すべてを理解できなくとも、内容の把握はできるはずです。

　新幹線の車内放送を例にとってみましょう。

---

本日も新幹線を御利用いただきましてありがとうございます。この列車は8時ちょうど発ひかり5号博多行きです。ただいまから、これから先の停車駅と到着時間を御案内いたします。次の名古屋には9時52分、京都10時38分、新大阪10時56分、岡山11時48分、広島12時35分、小倉13時36分、終点の博多には13時57分到着予定です。自由席は1号車から7号車までです。9号車から16号車までは指定席です。11号車、12号車はグリーン車です……

この車内放送をテープに吹き込んでおきます。学習者には質問の形で、入手すべき情報は何かをあらかじめ明確にしておきます。

　例えば、以下のようなプリントを渡し、事前に質問内容を理解させるようにすることも1つの方法です。

> ① 新大阪には何時に着きますか。
>
> ② 博多着は何時ですか。
>
> ③ 自由席は何号車から何号車までですか。
>
> ④ 指定席は何号車から何号車までですか。
>
> ⑤ グリーン車は何号車と何号車ですか。

　学習者が、入手すべき情報が何かを確認できてから車内放送のテープを聴かせます。学習者は、テープを聴きながら、必要事項をメモしていきます。

　この練習は、ディクテーションではありません。ですから、答える場合、学習者はテープとまったく同じ表現を使う必要はありません。

　例えば、博多到着は、テープのとおりだと13時57分ということになります。しかし、学習者が午後1時57分と答えたとしても、問題はないということです。

　長期の記憶というのは、言語形式よりも意味の方を覚えているものです。

つまり、通常、私たちが覚えているのは、実際にどのような言語表現が用いられたかではなく、どのような内容だったかということです。

　聴解内容を理解するために、さらに高度な日本語能力を必要とする場合は、次のようなステップを踏むことも大切なことです。

図4－4　聴解練習のステップ

予行練習
↓
本　　番
↓
確　　認

　聴解内容の自然さを保つために、場合によっては、学習者がまだ習っていない言語項目を取り入れることも必要になります。

そうした時は、未習の言語項目の意味や文型などを事前に教えることが大切です。必要に応じて発音練習なども予行練習として組み入れるようにします。

　しかし、それも内容把握にどうしても必要と判断したものに限り、内容理解にあまり関係ないものに時間をかけるのは避けます。

　そうした下準備をしたうえで、テープを聴かせます。ここからが本番です。

　本番が終了してから解答をおこない、学習者の理解度を確認するようにします。学習者の多くが理解できていないようであれば、聴解教材を見直すことも大切です。

　聴解練習をおこなう場合、ただテープを流しっぱなしにするだけではあまりにも無責任です。

　同じテープを何度聴いてもわからない学習者もいるのですから、学習者の理解を助ける工夫が必要です。

## 第4章 話す活動

話す活動は大きく2つのタイプに分けることができます。

1つは、「正確さ」をめざした練習です。そして、もう1つは、「流暢さ」をめざした練習です。

正確さをめざした練習・流暢さをめざした練習の特徴としては、以下の点が挙げられます。

●正確さをめざした練習の特徴

① ことばの使い方が正しく、かつ適切であるかどうかに重点が置かれる。文法的かどうかが問われる。

② どの言語表現をどう使うかは、事前に決定されているので、学習者はそれをいかに忠実に再現できるかが評価のポイントになる。

③ 機械的な練習が中心となり、ことばの使用に関する学習者の自主性は制限される。

●流暢さをめざした練習の特徴

① ことばの使い方の正確さ・適切さだけでなく、メッセージの伝達が上手く達成されたかどうかが問われる。

② 使用すべき言語項目は、必ずしも事前に決定されない。したがって、ことばの使用における学習者の自発性・創造性が重要になる。

③ コミュニケーションの自然さがポイントとなる。そのために、会話の自然さを支える要素として大切な「あいづちの仕方」「話の切り出し方・打ち切り方」などを取り入れた練習が必要となる。

④ その他、「日本語らしさ」に影響をあたえる「コロケーション＝いっしょに使われることが多い語の連鎖」なども学習することを求められる。例えば、英語を話す場合、通常Salt and Pepperとは言うが、Pepper and Saltとはあまり言わない。日本語でも、「塩こしょう」の方が「こしょう塩」より座りがよい。

授業においては、図4－5のように、正確さと流暢さをめざした練習を上手く組み合わせておこなうことが必要です。そして、日本語学習が進むにつれて、正確さをめざした練習から流暢さをめざした練習へと比重を移していきます。

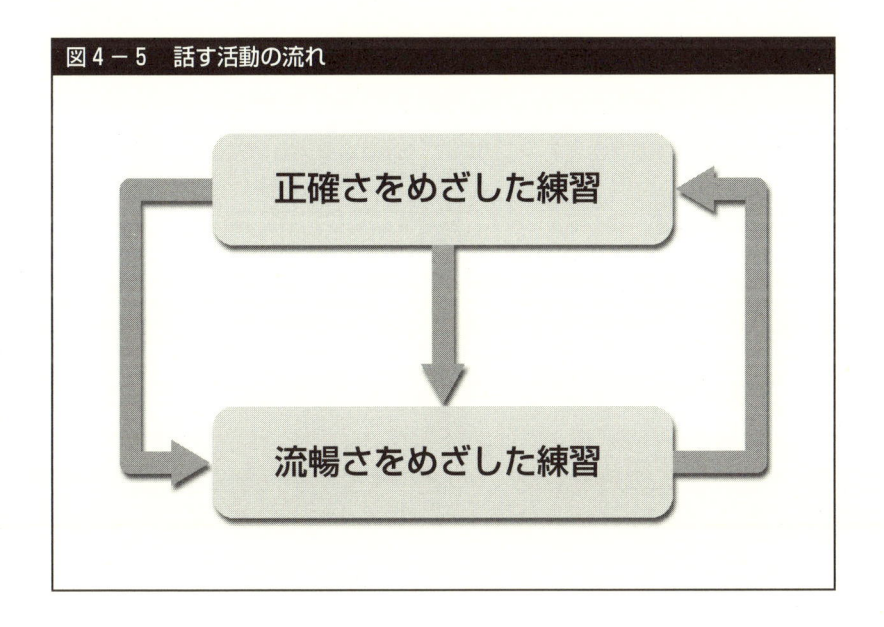

図4－5　話す活動の流れ

正確さをめざした練習

流暢さをめざした練習

通常、授業では以下のような手順で進めていきます。

●話す技術の養成手順

① 文法的に正しい文を理解し発話できるように、語彙・文型のパターンを練習する。

② さまざまなコミュニケーション場面を設定し、対話・会話形式の練習をおこなうことで①で学習したことの強化・定着化をはかる。

教室活動　101

③②での学習を基に、日本語のレパートリーを拡大しつつ、コミュニケーション能力の向上をめざす。

では、これから話す力をつけるための具体的な活動例を見ていくことにします。はじめに、言語の操作を練習する文型練習を取り挙げます。

### 1. 模倣練習

モデル（教師あるいは音声教材）のあとに発音を繰り返し、練習を重ねる。

**モデル**：おはようございます。

学習者：おはようございます。

モデル：おはようございます。

学習者：おはようございます。

**モデル：今日は、寒いですね。**

学習者：今日は、寒いですね。

モデル：今日は、寒いですね。

学習者：今日は、寒いですね。

## 2. 代入練習

### ●動詞の活用や文型の学習に利用する

| | |
|---|---|
| モデル：食べる | モデル：開ける |
| 学習者：食べる | 学習者：開けます |
| モデル：食べます | モデル：入れる |
| 学習者：食べます | 学習者：入れます |
| モデル：見る | モデル：寝る |
| 学習者：見ます | 学習者：寝ます |

### ●文の一部を入れ替える

モデル：あのセーターを見せてください。

学習者：あのセーターを見せてください。

モデル：ネクタイ

学習者：あのネクタイを見せてください。

モデル：指輪

学習者：あの指輪を見せてください。

モデル：靴下

学習者：あの靴下を見せてください。

モデル：スカート

学習者：あのスカートを見せてください。

●文の複数箇所を入れ替える

モデル：あの机の上の本を取ってください。

学習者：あの机の上の本を取ってください。

モデル：テーブル　　ペン

学習者：あのテーブルの上のペンを取ってください。

モデル：椅子　　　コート

学習者：あの椅子の上のコートを取ってください。

モデル：ソファ　　毛布

学習者：あのソファの上の毛布を取ってください。

### 3. 転換練習

あたえられた文をいろいろな文型に替える。

モデル：きのう学校へ行きました。

学習者：きのう学校へ行きました。

モデル：否定文

学習者：きのう学校へ行きませんでした。

モデル：疑問文

学習者：きのう学校へ行きましたか。

モデル：否定疑問文

学習者：きのう学校へ行きませんでしたか。

### 4. 拡張練習

あたえられた基本の文の前方に、徐々に情報を加えて拡張していく。

モデル：京都へ行きます。

学習者：京都へ行きます。

> モデル：新幹線で
>
> 学習者：新幹線で京都へ行きます。
>
> モデル：中村さんと
>
> 学習者：中村さんと新幹線で京都へ行きます。
>
> モデル：金曜日に
>
> 学習者：金曜日に中村さんと新幹線で京都へ行きます。

## 5. 応答練習

教師の質問に学習者が答える。大きくわけて、次の3つのタイプがあります。

> ① 事前にあたえられた指示にしたがって答える（指示：否定文で答える）
>
> 教　師：きのうテレビを見ましたか。
>
> 学習者：いいえ、見ませんでした。
>
> 教　師：もう、鈴木さんに電話しましたか。
>
> 学習者：いいえ、まだ電話していません。

② 教師が質問ごとにあたえる指示にしたがって答える

教師： 明日はどこへ行きますか。(長崎)

学習者：長崎へ行きます。

教師： 一人で行きますか。(山田さん)

学習者：山田さんと行きます。

③ 教師の指示なしで、学習者は自由に答える

教　師：今日の午後は、何か予定がありますか。

学習者：山本さんと映画を見に行きます。

教　師：どの映画を見に行きますか。

学習者：まだ、決めていません。

教　師：どんな映画が好きですか。

学習者：アクション映画が好きです。

## 6. 会話練習

会話文を利用する。教師の学習者に対する指示の程度・内容によって練習の流れがちがってきます。

---

### ●モデル会話で言語表現を学習

（観光案内所にて）

ジム：すみません。観世音寺と大宰府天満宮に行きたいんですが。

係員：地図がありますよ。

ジム：じゃ、それをいただけますか。

係員：はい、どうぞ。ここが現在地です。天満宮はここから歩いて５、６分ですよ。観世音寺は歩いて約３０分ほどかかります。自転車もありますけど。

ジム：自転車ですか。

係員：ええ、ここで貸し出しをやってます。２時間で４００円です。

ジム：じゃ、１台お願いします。

係員：はい、いいですよ。ここに名前を記入してください。

会話練習の手順は、だいたい以下のようになります。

① モデル会話をプリントにして学習者に配布する。

② プリントは見せずに、モデル会話を2〜3回聴かせる。

③ モデルのあとについて、各文を口頭練習する。

④ モデルのあとについて、プリントを見ながら読みの練習をする。

⑤ 学習者はペアになって口頭練習をおこない、会話の暗記に努める。

⑥ ⑤の活動のあいだ、教師は、各学習者の発音指導・矯正をおこなう。

⑦ 教師がペアを指名し、指名されたペアはクラスメートの前でプリントを見ずに会話をおこなう。

すべてのモデル会話を学習者全員に提示するのではなく、ジムと係員の台詞を別々に提示する方法もあります。つまり、以下のように、学習者Aにはジムの台詞だけを渡し、学習者Bには、係員の台詞だけを渡すようにします。

---

●学習者A

ジム：すみません。観世音寺と大宰府天満宮に行きたいんですが。
係員：
ジム：じゃ、それをいただけますか。

係員：
ジム：自転車ですか。
係員：
ジム：じゃ、1台お願いします。
係員：

●学習者B

ジム：
係員：地図がありますよ。
ジム：
係員：はい、どうぞ。ここが現在地です。天満宮はここから歩いて5、6分ですよ。観世音寺は歩いて約30分ほどかかります。自転車もありますけど。
ジム：
係員：ええ、ここで貸し出しをやってます。2時間で400円です。
ジム：
係員：はい、いいですよ。ここに名前を記入してください。

練習は以下のような流れに沿っておこないます。

① 学習者A、学習者Bにそれぞれプリントを配布。

② 学習者Aのみがプリントを見てジムの最初の台詞を黙読し、そして、準備ができたら学習者Bに向かって台詞をプリントを見ずに発話する。この間、学習者Bは、ただ学習者Aの言うことを集中

して聴く。

③ 学習者Ａの台詞を聴き終えてから、学習者Ｂは自分のプリントを見る。係員の最初の台詞を黙読し、準備ができたら学習者Ａに向かって台詞をプリントを見ずに発話する。この間、学習者Ａは、ただ学習者Ｂの言うことを集中して聴く。

④ ②と③の要領で、会話全体の練習をおこなう。

⑤ 上記の練習活動を会話文を覚えるまで繰り返す。

　この練習方法の最大の利点は、相手が台詞を言うあいだは、自分はただ聴くことに専念するので、聴解力の向上につながるということです。

　もう１つの利点は、台詞を言う時は、プリントを見ないで言うことを求められるので、お互いに台詞を棒読みしてしまうことを避けられるということです。

　次に紹介するのは、完成された既製のモデル会話ではなく、未完成のモデル会話を提示して、学習者に完成させながら練習する方法です。学習者と教師の共同・協働作業ですから、学習者の自主性も求められます。

　練習は、だいたい次の要領でおこないます。

① 以下のような未完の会話文をプリントして学習者に配布する。

② 学習者はペアあるいは少人数のグループでＢの台詞を作成し会話文を完成する。

③ 完成した会話文を口頭練習をとおして暗記するように努める。

④ 練習の最後に、ペアになってクラスメートの前で会話をおこなう。

⑤ ②～④のステップでは、教師は適宜学習者を手助けする。

> A：このバスは鹿児島行きですか。
>
> B：
>
> A：何時の発車ですか。
>
> B：
>
> A：途中、熊本に停車しますか。
>
> B：
>
> A：鹿児島到着は何時ですか。
>
> B：
>
> A：サービスエリアでの休憩もありますか。
>
> B：

### 7. 会話作成練習

　会話全体を学習者に作成させ、それを利用して口頭練習をおこなう。

手順としては、写真・絵などを提示し、学習者はそれを基にペアあるいは少人数グループで会話文を作成します。

　次に、これまで紹介してきた応答練習や会話練習の方法を取り入れた口頭練習をおこない、その成果をクラスメートの前で披露します。

　学習者が会話作成や口頭練習をおこなっているあいだ、教師は用いられている日本語が適切かどうか、発音は正確になされているかどうかなどを、各ペアあるいは各グループを適宜チェックしながら指導します。

　ここでは、写真を使った練習活動を紹介します。2004年度夏季ウィスコンシン州立大学日本語教育体験学習後の観光中の1コマです。

富來美香・野口真由実　筑紫女学園大学

学習者は、この写真だけをあたえられます。学習者の想像力にまかせるために、教師はこの写真についての説明や解説などは一切おこないません。各ペアあるいは少人数グループは自由に会話文を作成していきます。

このような写真の他に、雑誌・新聞の切り抜きや宣伝用チラシなどの画像を利用するとよいでしょう。

## 6. ロール・プレイ

ロール・プレイは大きく2つのタイプに分けることができます。

1つは、モデル会話のように、すべて教師によって準備された会話を暗記するまで繰り返し練習し、最後にモデル会話で設定された登場人物の役を演じるタイプです。

このタイプのロール・プレイでは、シナリオと用いるべき言語項目がすべて事前に設定されています。学習者はあたえられた会話内容を忠実に再現することを求められます。

もう1つは、会話の流れ、つまり、会話の場面や状況の枠組みだけが設定されているタイプです。会話に用いる言語項目は学習者自身がその場で考えます。

このタイプのロール・プレイは、かなり高度な日本語能力を要するものです。ですから、教師は次の点に注意を払うことが必要です。

① 学習者の現時点での日本語能力を正確に把握する。

② そのうえで、コミュニケーションの場面・登場人物の役などを設定する。

ロール・プレイの準備として、まず、次のようなロール・カードを作成します。

> **ロール・カードA**
> ● ● ●
> あなたは、あるコンピュータ会社に勤めています。5月のゴールデンウィークを利用して、友人と2人で大分の湯布院温泉に、2泊3日の予定で旅行を計画中です。そこで旅館「湯布院」に予約の電話を入れます。

> **ロール・カードB**
> ● ● ●
> あなたは、旅館「湯布院」で予約係をしています。ある日、宿泊予約の電話が入ります。しかし、満室で空いている部屋がありません。そこで、別の旅館を世話することにします。

　ロール・カードAを学習者A、ロール・カードBを学習者Bに渡します。各学習者は、それぞれのロール・カードに書かれている内容を読んで、どのように会話を進めていくか5分ほど考え、2人で会話を始めます。

## 第5章　読む活動

### 1. 基本的指導法

　読解の指導は、「ひらがな」「かたかな」「漢字」の順に導入していきます。通常、「ひらがな」「かたかな」は、学習のかなり早い時期に、短期間で覚えさせ、次に漢字の指導へと移っていきます。

　ひらがな・かたかなの読み方を教える場合、「あいうえお」「アイウエオ」というように、五十音順に教えていくのが主流になっています。

　しかし、既に学習者が意味の理解ができていて、口頭練習もすませた単語・文を読解の練習に用いる方法も効果的です。

　例えば、「ペン」「ノート」「おはようございます」「はじめまして」「ありがとう」など、既習の単語や文を読むための教材として利用します。

富來美香　筑紫女学園大学英語学科

この写真のように、学習者が既に口頭で言える単語「ありがとう」を読む教材として使います。

　この方法は、日本語教育の第一人者であるアメリカのエレノア・ジョーデン博士（コーネル大学名誉教授）が提唱しているもので、非常に効果的なやり方です。

　ひらがな・かたかなは五十音順に教えなければならないという理由は何もありません。もちろん、辞書を引いたり、電話帳で調べたりするためには、五十音は知っておくべきですが、読解力の向上とは直接の関係はありません。

　読解力の向上には、以下のように、単語単位から文単位、そして文章単位へと拡げていくのが基本的なアプローチです。

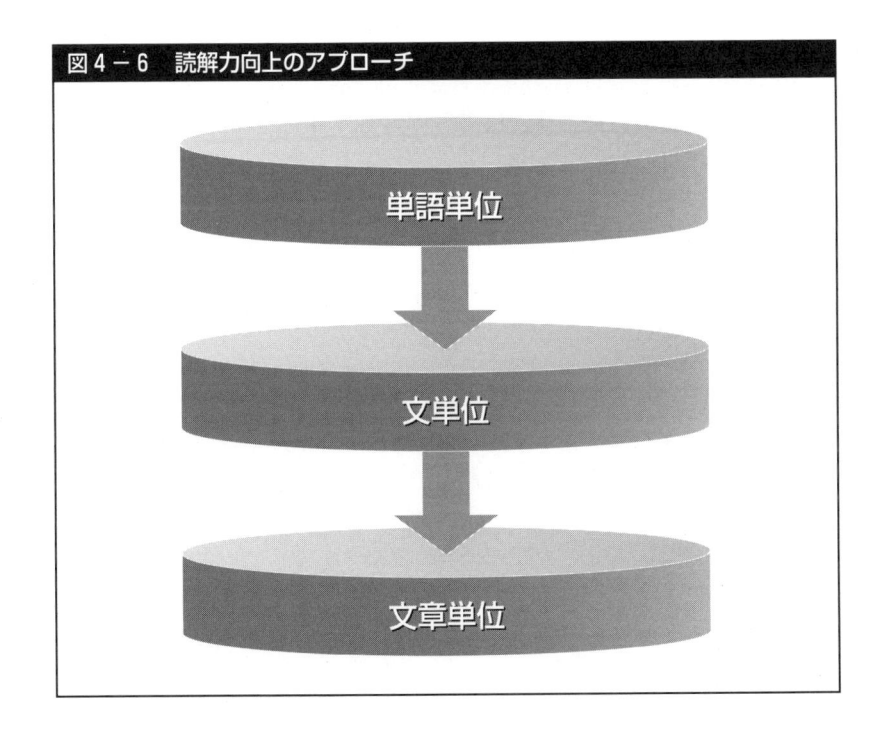

### 図4-6　読解力向上のアプローチ

単語単位
↓
文単位
↓
文章単位

単語や文単位での練習では、音読が中心になります。例えば、「いす」「つくえ」「レモンを2つください」というように、単語や文を提示して、それを学習者に声を出して読ませます。

　提示する場合は、黒板に書いたり、フラッシュ・カードに書いたものを見せたり、OHPで投影したりといろいろ工夫できます。

　漢字の読みを練習する時は、以下の例のように、ルビを文字の下につけると紙などでルビを隠して練習できるので学習者には便利な方法です。

> 明日、中村さんと東京へ出張です。
> あした　なかむら　　とうきょう　しゅっちょう

　文章単位の練習は、音読から黙読へと移行します。読んで聴かせる場合は別として、実生活では黙読が普通です。

　もちろん、学習者が正確に読んでいるかどうかを確かめるためには、文章を音読させることが必要です。しかし、それはあくまで練習のためであって、中心は黙読にあることを忘れないようにすべきです。

　教材としては、口頭練習で使った会話文などから始めるとよいでしょう。そうすれば、学習者は既に意味も理解できているし、発音もわかっているので、文字を読むという作業に集中できます。

　その他、実際に読むために書かれたものを学習者に提供することが大切です。メニュー、新聞や雑誌の記事、観光案内書など、実生活で目にするものを学習者の日本語能力に合わせて利用するようにします。

## 2. スキャニング

　速読の技術も必要です。速読には大きく分けて2つのタイプがあります。1つは、スキャニングで、もう1つは、スキミングです。両方とも、情報収集の訓練に有効な方法です。

　スキャニングは、ある特定の情報を得たい時や、多数の本の中から自分の目的に合ったものをすばやく選んだりする時などに、さっと目をとおして読んでいく方法です。

　例えば、「山本和夫」という人物の電話番号を電話帳で調べる時、ひとつひとつ丁寧に読んだりはしないでしょう。かなりのスピードで「山本」を見つけ、「和夫」へと進んで行くはずです。

　書店に行って、ホームページ作成についての本を見つけたい時に、並んでいる本を1冊ずつ手に取るようなことはしないと思います。タイトルや目次をすばやく見て、欲しい本かどうか判断していくでしょう。

　このように、スキャニングはスピードが命です。ですから、授業においても速く読む練習を積む必要があるのです。その手段として、事前に入手すべき情報は何かを学習者に明らかにして、その情報をできるだけ迅速かつ正確に得るように読ませると効果的です。

　手に入れるべき情報を前もって明確にするために、次のような質問形式で提示するとよいでしょう。

① 衣服は、所属団体との「なに」を明白にするものでしょうか。

② ビジネスパーソンにふさわしいとされるスーツの色は「何色」ですか。

③派手な色・明るい色は「だれのため」と考えられていますか。

　まず、学習者に以上のような質問内容を理解させ、次に本文を速く読んで正解を見つけるように指示を出します。本文の例として、有斐閣出版の『日本人の考え方を英語で説明する事典』の1部を抜粋します。

　日本人にとって、衣服は、自己表現のためというより、むしろ学校・会社・コミュニティーといった所属団体との連帯性を明確にするためのものです。ですから、日本人は、グループのみんなと同じ格好をすることで、1人だけ目立つことがないように気を配ります。それに、仲間1人の外見でグループ全体が判断されることがよくあるので、きちんとした身なりをすることが大切になります。グループには、それぞれ服装に関するきまりといったものがあります。通常、明文化されたものではなく、こういうものだと世間で考えられているものです。例えば、日本のビジネスマンの多くは、スタイルや色などの控え目なものを身につけます。一般的に、無地で落ちついたブルーやグレー系統のスーツがビジネスマンにはふさわしいとされています。男女を問わず、年配者は、若い女性や子供のためとされている派手な色や明るい色を避け、地味な服装をすることを期待されます。

『日本人の考え方を英語で説明する辞典』本名信行編　有斐閣　1989　PP.39〜41
（本文では、[ビジネスマン]と書かれていますが、現在は、[ビジネスパーソン]が使われます。）

## 3. スキミング

　スキミングは、本文をすばやく読んで、概要を把握する時に必要です。スキャニングと同じくスピードが求められます。

スキャニングの練習では、「なに」「何色」「だれのため」というような単語レベルでの情報を読み取ることが中心になりますが、スキミングでは、文単位で表現されている情報を読み取ることに焦点をあてます。

　したがって、スキミングにおいては、本文に適したタイトルやトピックを選ばせたり、本文の簡単な要約を口頭（場合によっては、書かせる）で説明させたりする練習を盛り込みます。

　ここでは、トピックを選ばせる練習を例にとります。学習者は、以下の本文を速読して、あとにあたえられた5つのトピックの中から最も適切だと思われるものを1つ選びます。

　　英語は、現在、世界で最も広範囲に使われ、最も便利な国際共通語となっている。もちろん、英語はアジア人どうしの国際交流でも、非常に有効な言語となっている。日本とアジア諸国は今後さらに政治的経済的文化的関係を深めることが予想されるので、日本人はアジア各国の人びとが話す英語について正しい知識をもたなければならない。
　　日本人は、従来、アジアの人びとが使う英語を一段低く見てきた。アジア人の英語はネイティブ・スピーカーの英語をくずしたもので、正当な英語ではないと考えがちなのである。しかし、英語の「国際化」は、英語の多様性を許容するところからはじまるので、このような態度は改める必要がある。
　　また、アジア各国の英語の「多様性」を許容するためには、それぞれの英語の特徴を正しく理解しなければならない。英語を母語とするアメリカ人、イギリス人、カナダ人、あるいはオーストラリア人がそれぞれ特徴のある英語を使っているように、英語を母語としないアジアの人びともそれぞれ国情にあった特徴のある英語を使っているのである。

教室活動 121

本書は、最近、社会言語学で高まりつつあるノンネイティブ・スピーカー・イングリッシュに関する研究ならびに知見にもとづき、アジアの英語を正当に評価する理論的根拠を提示し、同時にアジア各国の英語の特徴を詳しく説明する。このような情報は、アジアにおいて効果的な国際コミュニケーションをはかるうえで、きわめて重要と思われる。

『アジアの英語』本名信行編　くろしお出版　1990　p.i

●選択肢

① 日本とアジアの政治関係
② アジア文化の多様性
③ アジア英語の特色
④ ネイティブ・スピーカーの英語
⑤ アジアにおける国際化

## 4. インテンシブ・リーディング

　あたえられた文章を詳細かつ綿密に読んでいくのがインテンシブ・リーディングです。しかし、一字一句すべてを理解しながら読んでいくわけではありません。

　はじめはスキミングをして、本文中のポイントとなる箇所を見つけます。そして、そのポイントとなる箇所を改めて集中的に読むようにします。

　練習の初期の段階では、ポイントとなる箇所は教師が指摘してやるようにします。しかし、「ここはポイントですからよく読んでください」などと教えるのではありません。

やはり、学習者自身でポイントを見つけることが大切です。ここでの教師の役目は、学習者がポイントを見つけやすいように方向づけをしてやることです。

　そのためには、以下のようなタイプの課題をあたえてやるとよいでしょう。

① 類推しながら答えさせるような質問をする。例えば、因果関係について説明させたり、意見と事実との区別をつけさせる。

② ある事柄について、賛成・反対の意見を理由とともに述べさせる。

③ 読み取った情報をグラフや絵で表現させる。

④ 登場人物の性格について述べさせたり、登場人物の似顔絵を描かせる。

⑤ ストーリーの今後の展開を予測させる。

　このようにすれば、学習者は少なくともあたえられた課題と関連の深い内容部分を見つけ、そこをよく読むことを求められます。

## 5. エクステンシブ・リーディング

　かなり長い読み物を楽しみのために読むのがエクステンシブ・リーディングです。

　この読み方は、スキャニング、スキミング、インテンシブ・リーディングと大きく異なる点が1つあります。それは、エクステンシ

ブ・リーディングは、教室活動の領域を超えるということです。

　楽しみのために読むという活動は、個人的なものです。つまり、学習者自身の主体的な読書活動です。そこには、教師が教えるという余地はありません。しかし、教師は何もできないということではありません。

　エクステンシブ・リーディングの段階で、教師にできることが2つあります。

　① どのような読み物が利用可能か把握すること。

　② 必要に応じて、学習者にアドバイスをあたえ、読み物を指定・推薦してやること。

　また、読み物を指定・推薦する場合、以下のような点に留意することが望まれます。

　① 学習者の興味・関心を引くものかどうか。

　② 学習者の日本語能力に適ったものかどうか。

　③ 長さは適切かどうか。

# 第6章 書く活動

## 1. 基本的指導法

書く技術の指導は、普通、以下のような順序でおこないます。

> ●書く活動の一般的手順
>
> ① ひらがな・かたかなを文字単位で学習する。
>
> ② ひらがな・かたかなを語句単位で学習する。
>
> ③ 続いて、文単位で学習する。
>
> ④ 漢字を少しづつ導入する。
>
> ⑤ 文章単位で練習する。
>
> ⑥ 自由に書く練習をする。

書く練習は、書き写すことから始めます。教師がモデルを提示すると同時に、書き順を教えます。学習者は、それをそっくりそのままコピーします。

例えば、教師が「あ」「い」「う」「え」「お」「ア」「イ」「ウ」「エ」「オ」という具合に文字単位で板書します。学習者は、それをまねてノートに書きながら覚えていきます。

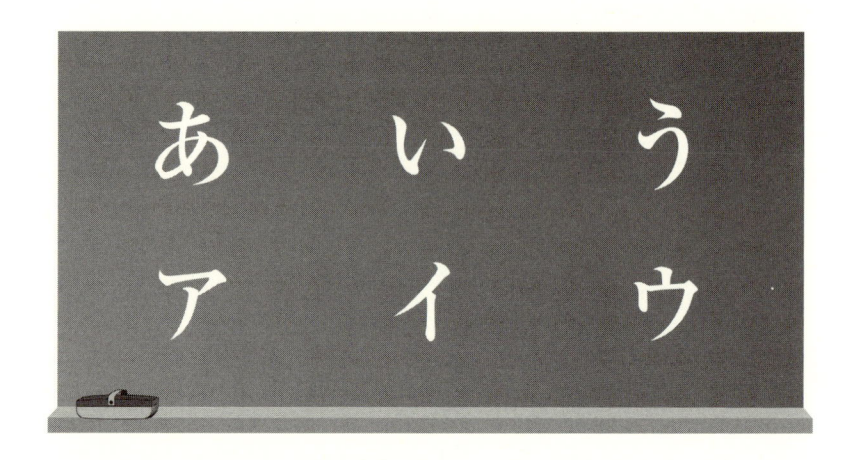

この時、よく問題になるのが、「ひらがな」と「かたかな」はどちらから教える方がいいのか、あるいは、どちらに力を入れるべきかということです。

どちらも重要ですから、両方ともしっかり教えるべきだ、というのが答えになると思いますが、前述したエレノア・ジョーデン先生にコーネル大学で1ヶ月程御指導いただいた時は、「かたかな」をまずしっかり学習させるように、と教わりました。

その理由は、海外の日本語学習者が日本を訪れた時、「かたかな」の方がまず必要になるからということでした。確かに、レストランのメニューや空港・駅などの標識は「かたかな」で書かれているものが多くあります。

私がよく利用する近所のクリーニング屋さんの料金表などは、以下のように、カタカナのオンパレードです。（料金欄は削除しています。）

```
           Price List
■レディススーツ          ■ブレザー
■レディスジャケット      ■スラックス
■スカート（タイト）      ■ネクタイ
■スカート（ロング）      ■ワイシャツ
■ワンピース（ヒダなし）  ■セーター
■レディスパンツ          ■オーバーコート
■ブラウス                ■礼服上下
■メンズスーツ            ■スリーピース
```

　同じ要領で、「つくえ」「ジュース」のように、語句単位で練習します。この段階からディクテーションがよく用いられます。

　続いて、「おはようございます」のように、文単位で練習します。文単位の練習では、以下のような方法が取り入れられます。

① 教師が文の前半をあたえ、学習者が後半を続けて完成させる。

　　あの男の人は**中村さん**です。

　　この**セーター**を**買っ**てしまいました。

②語句をあたえて文を作らせる。

> きのう　わたし　やまだ　いく　が　と　さん
> あした　あめ　ふる　えいが　に　ます

　　きのう、あめがふりました。

　　あした、やまだんとえいがにいきます。

③空所を埋めさせる。

　　けさ、(**パン**)をかいました。

　　あした、(**がっこう**)へいきます。

④書き換えさせる。

テニスをします。（過去形）
▼
テニスをしました。

きょうとへいきます。（「いつ」で始める）
▼
いつきょうとへいきますか。

そして、「お早うございます」のように、漢字を徐々に導入します。漢字は板書したり、漢字パネル・漢字カードなどを利用して書き方を提示します。学習者は、ノートに書いて練習します。

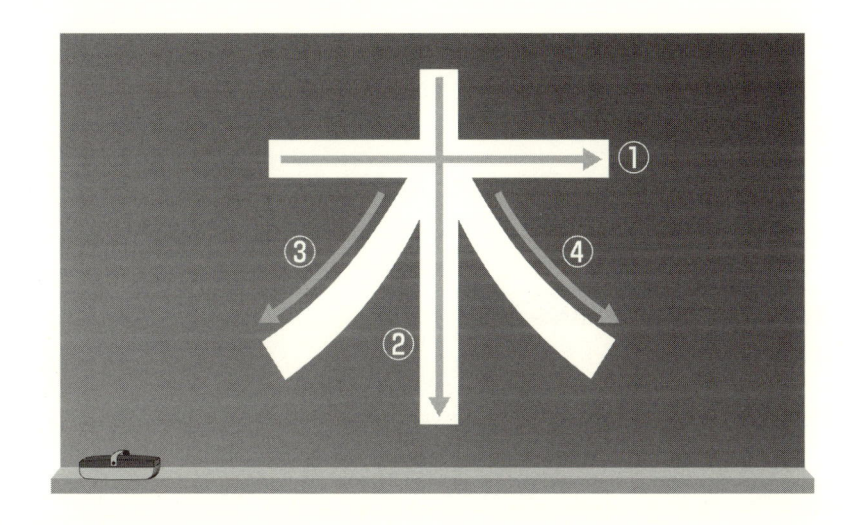

それができるようになったら、文章を書く練習に入ります。実は、日本語学習者にとっては、この段階での練習が非常に難しいのです。

その理由は、次の2点に集約できます。

① 何について書いてよいのかわからない。

② 書きたいことはわかっているが、日本語でどのように表現したらよいのかわからない。

日本語学習者は、プロの作家とはちがいます。何か文章を書くように言われても、どんなことをどのように書いたらよいのか容易には思いつかないものです。

「よし、これについて書こう」と、ようやくトピックが決まっても、日本語能力が十分でないために、結局はそのトピックについて書けないということがよくあります。

　「ああでもない、こうでもない」と、考えているうちに時間だけが過ぎていきます。ですから、そういう学習者たちのために、文章が書けるようにお膳立てをしてあげることが必要なのです。

　では、どのようなお膳立てができるのか、ということになりますが、その方法の1つとして、ピクチャー・ストーリーを紹介します。

## 2. ピクチャー・ストーリー

　ジェームズ・ヘンドリックソンは、ピクチャー・ストーリーの利点について次のように述べています。

① ピクチャー・ストーリーは想像力とユーモアを駆使できるので、学習者は、楽しみながら文章を書くことができる。

② ピクチャー・ストーリーは、学習者の創造力を促すことができる。

③ ストーリーの流れが始めから設定されているので、それをガイドラインとして、学習者は文章を書いていくことができる。

例えば、上の絵を学習者に提示して作文をさせることができます。学習者の日本語能力によっては、学習者に書き始めるきっかけをあたえるために、次のような、いくつかポイントとなる表現をあたえることも必要でしょう。

●表現例

さかな　　ねこ　　食べる　　泣く　　うれしい　　ほね

かなしい　　〜られる

　同じ絵を使って、以下のような質問形式で問題提起をし、学習者に答えさせる方法もあります。

●質問例

1. ねこは、なぜ、うれしそうにしていると思いますか。

2. さかなはどうなったのでしょうか。

ここで挙げた例はパソコンで自作したものですが、新聞の4コマ漫画・雑誌・宣伝用チラシなどからの絵をうまく組み合わせることでピクチャー・ストーリーは簡単にできます。

### 3. ジャーナル・ライティング

　創作練習としては、ジャーナル・ライティングを活用するとよいでしょう。ジャーナル・ライティングは、いわゆる教師と学習者との交換日記です。

　ノートに書くこともできますし、Eメールを利用することもできます。

　ジャーナル・ライティングの手順は、次の要領でおこなうとよいでしょう。

---

**●ジャーナル・ライティングの手順**

① 学習者に何でも思ったことを自由に書かせる。

② 教師はそれを読んで内容についての意見・質問を書く。

③ 学習者は教師の意見・質問に返答する。

④ ①〜③を繰り返しジャーナル・ライティングを続ける。

---

　ジャーナル・ライティングをしばらく続けていくと、必ず、質・量ともに学習者のライティングに変化が見えてきます。書く量が増え、文章もより高度なものになっていくのがわかります。

このジャーナル・ライティングをおこなう場合、1つだけ必ず守らなければならないことがあります。それは、教師は、学習者が書いた内容について他人に決して話してはいけないということです。

　ジャーナル・ライティングは教師と学習者との個人的コミュニケーションです。個人情報を保護することは絶対条件です。そうしなければ、教師と学習者の信頼関係が損なわれ、授業は成立しなくなります。

### 4. 写真教材

　第4章の「話す活動」でも紹介した方法です。1枚の写真を学習者に提示し、自由に写真から得たイメージや感じとったことを書かせます。

2004年夏季ウイスコンシン州立大学日本語教育体験学習の1コマ

　ジャーナル・ライティングについても同じことが言えますが、こ

の写真教材を使った創作練習では、学習者の文法的な誤りや綴りのまちがいなど、意味理解に支障がないかぎりは、できるだけ矯正しないようにすることが大事です。

　このタイプの練習は、学習者に自由に書かせることがポイントです。「質より量」の考え方で、学習者にできるだけたくさん書かせるようにしましょう。

# 第5部 ツールの活用

## 第1章 視聴覚教材・教具

　教師の役目の1つとして、授業をとおして学習者にできるだけリアリスティックな言語体験をさせることが挙げられます。

　その手助けをしてくれるのが、「視聴覚教材・教具」です。単調になりがちな授業を活性化し、授業内容に変化をあたえ、学習の幅を拡げてくれます。

　視聴覚教材・教具は、教育メディアという大きな領域に属する下部分野の1つと考えることができます。

　視聴覚教材・教具は、これまでも外国語教育の中でいろいろな形で活用されてきました。しかし、最近の情報通信技術の著しい発展にともない、コンピュータやインターネットを中心にマルチメディア化され、外国語教育における視聴覚教材・教具も、これまで想像もできなかったような新しい活用の仕方が可能になりました。

　例えば、教科書を軸とした授業から視覚メディア、聴覚メディア、そして、視聴覚メディアを取り入れた授業へと変化してきました。その結果、学習形態も、教科書のような印刷メディアだけしかなかった時にはできなかった、インターアクティブな授業が実現できるようになりました。コンピュータメディアによる双方の授業などはよい例です。

　その他、図5－1のような単方向・双方向のメディア利用が考えられます。

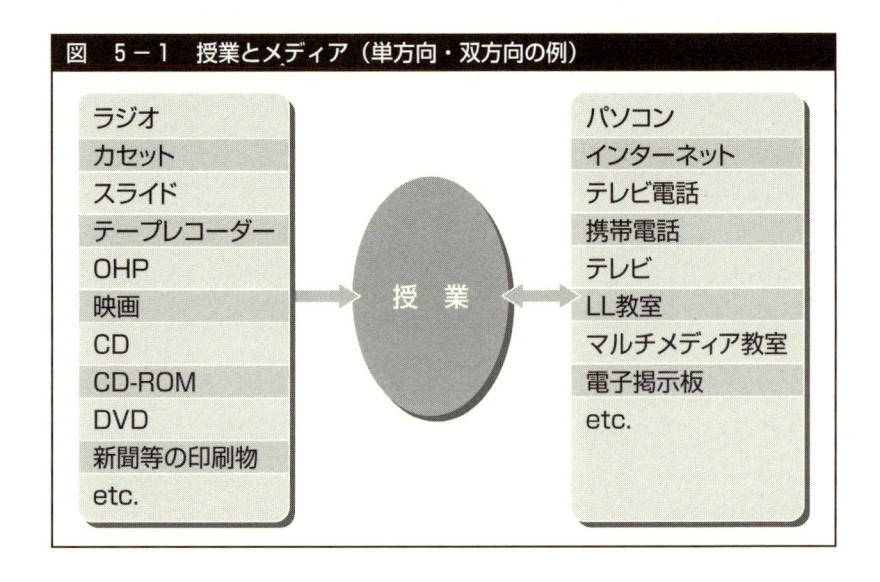

### 図 5－1 授業とメディア（単方向・双方向の例）

| | | |
|---|---|---|
| ラジオ<br>カセット<br>スライド<br>テープレコーダー<br>OHP<br>映画<br>CD<br>CD-ROM<br>DVD<br>新聞等の印刷物<br>etc. | → 授　業 ↔ | パソコン<br>インターネット<br>テレビ電話<br>携帯電話<br>テレビ<br>LL教室<br>マルチメディア教室<br>電子掲示板<br>etc. |

　これから、いくつかの視聴覚教材・教具の具体例を見ていきます。ただ、その前に明確にしておかなければならないことが1つあります。

　それは、「教材」と「教具」の区別です。本書では、教材とは、内容つまりコンテンツが中心のいわゆるソフト・ウェアという意味で使っています。

　「教具」は、機器、つまり、ハード・ウェアを指しています。

　ただし、この区別をはっきり適用できないような場合もあります。例えば、次の第2章で取り上げる「黒板」です。これは、ハード・ウェアと呼ぶには、イメージ的に難しいかもしれません。

　ハード・ウェアにはハイテクのイメージがあります。ですから、特に、インターネット等の話をする時、「黒板」をハード・ウェアと考えるのには違和感があるかもしれません。

しかし、ここでは、「黒板」もハード・ウェアの類に入れています。

　ですから、ソフト・ウェアは学習内容に関したもの、ハード・ウェアは学習効果を上げるための道具として理解してください。

## 第2章　黒板・ホワイトボード

　教室で最もよく使われているのは、黒板とホワイトボードです。しかし、あまりにも身近なために、その利用法については、つい軽く見てしまいがちです。

　黒板・ホワイトボードともに、固定式のものと可動式のものがあり、大きさもさまざまです。また、マグネット使用が可能なものもあります。教室の大きさや学習者の人数、目的によって活用法を考えましょう。

　字は小さすぎても、大きすぎても読みにくいです。普通の教室ですと、だいたい10cm前後の大きさが適当です。

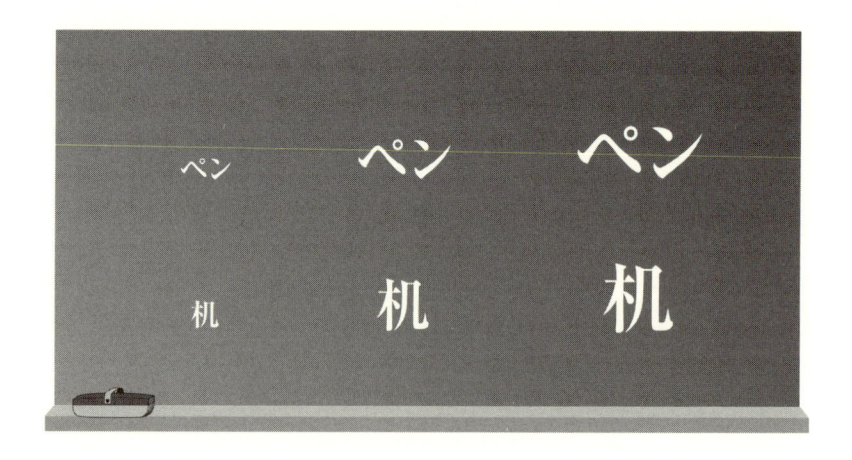

字の大きさの他に、板書する位置も考えましょう。黒板・ホワイトボードの下の方や端に書いてしまうと読みにくくなります。

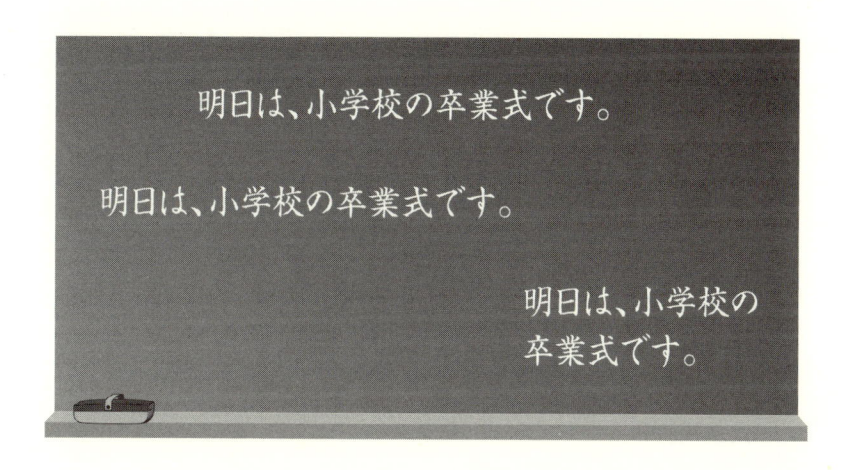

　また、なぐり書きにならないように注意が必要です。説明に夢中になったり、授業時間が足りなくなったりした時に、見やすく書くことを忘れる教師が多いのは事実です。特に、以下のような「ひらがな」などは、学習者が困惑しないように、楷書ではっきり書くことが大切です。

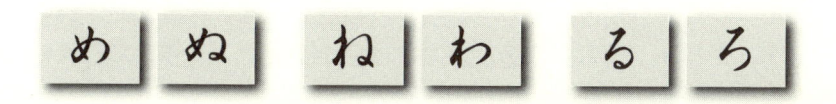

　コントラストのために、チョークの色を使い分ける場合、教室の照明などによっては、意外に見えにくい色もあります。どの色が見えやすく、どの色が見えにくいか、事前に確認しておくことも重要です。

　マグネットが使用できる場合は、黒板・ホワイトボードに直接貼ることができますし、取りはずしも簡単です。

以下のように、絵やカードを貼って授業に役立てることができます。

　板書する際、教師は学習者に背を向けることになります。したがって、板書しながら説明をすると、学習者には教師の声が十分に届かないことがあります。学習者に話す必要がある場合は、板書を一時中断するか、板書が終わってからにすべきです。

　すべて板書するのも考えものです。意外に時間をとられてしまうので、なんでも板書するのではなく、板書すべきことは何か、板書せずにプリント配布の方がよいものは何かなど、よく考えて授業の準備をすることが必要です。

## 第3章　ワード・フラッシュカード

　ワード・フラッシュカードは、語句・文型・漢字などの学習の際に用いられます。

　フラッシュ・カードというくらいですから、さっと矢継ぎ早に使うのがコツです。そのため、カードは持ちやすい大きさであることが大切です。

　教師によって、持ちやすい大きさはちがうでしょうが、標準的な大きさは、縦10cm・横30cm程度です。

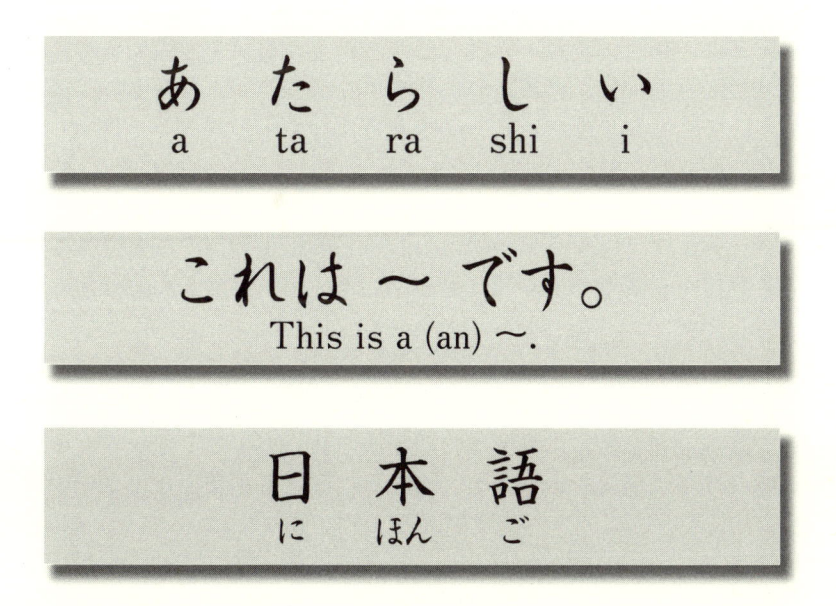

あ　た　ら　し　い
a　ta　ra　shi　i

これは～です。
This is a (an) ～.

日　本　語
に　ほん　ご

　上記のように、発音・英語訳・ルビを同時に提示するかどうかは、教師の判断です。発音・英語訳はフラッシュ・カードの裏に書いて置き、発音や意味を確認させる時に、フラッシュ・カードを裏返しにして学習者に見せることもできます。例えば、漢字については、

以下のように提示すればよいでしょう。

**表** 日　本　語

**裏** 日　本　語
　　　　に　ほん　ご

　文字は、楷書・草書・行書などのちがった書体を学習する場合は別として、通常は、楷書でわかりやすく書く方が、学習者には読みやすいでしょう。もちろん、手書きではなく、パソコンで作成してプリントアウトすることもできます。

　ワード・フラッシュカードは少し厚手の紙を利用すると持ちやすくて長持ちします。よく使うものは、ラミネート加工すれば汚れずに済みます。

　ワード・フラッシュカードは、教師が手に持って1枚ずつ、すばやくめくって学習者に見せるのが従来の使い方でしたが、マグネットをつけて、黒板やホワイト・ボードに貼って利用するのも効果的な方法です。

　例えば、文型の練習をする時、次のように活用できます。

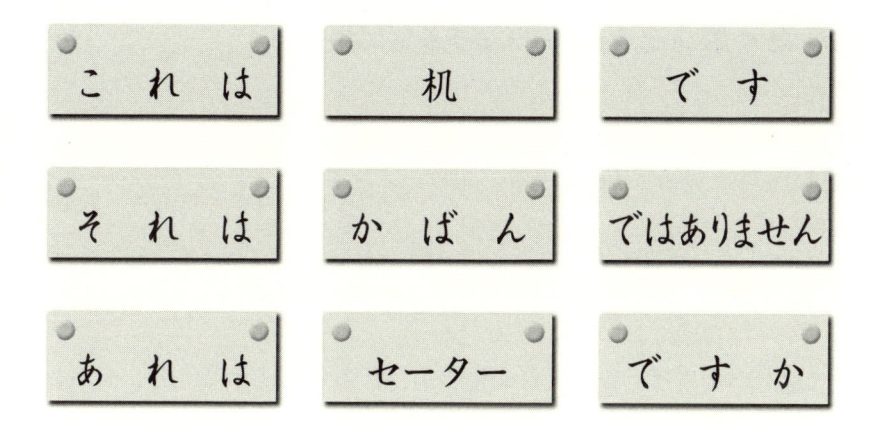

| これは | 机 | です |
| そ れ は | か ば ん | ではありません |
| あ れ は | セーター | で す か |

　これらのワード・フラッシュカードを取り替えていくことで、「これは机です」「それは机ではありません」「あれはセーターです」など、文型練習が容易にできます。

　また、板書する時間を節約できるので、その節約した時間を練習活動に使うことが可能です。

## 第4章 ピクチャー・フラッシュカード

　ピクチャー・フラッシュカードはワード・フラッシュカードと同様に、手に持ってすばやく使うのがポイントです。

　通常、A4かB4サイズのものを用いますが、各人で手に持ちやすいサイズのものを使用することが大切です。

　絵そのものは、教師自身が描くか、新聞・雑誌・宣伝用チラシなどの切り抜きを貼るのもよい方法です。以下は、自作の例です。

ピクチャー・フラッシュカードは、絵が命ですから、何が描かれているのか、一目ではっきりわかるように最大限の注意を払うことが大切です。

　特に、初級段階のクラスでは、前に提示した例のように、1つの絵が1つの意味をはっきり表現できるものが求められます。「とまと」「右」「昼」「夜」「電話をする」「歌う」のように、絵を見てすぐに反応できるよう作成します。

　1つのカードの中にあまりたくさんのものが描かれていると目移りがして、学習のポイントがずれてしまうことがあります。

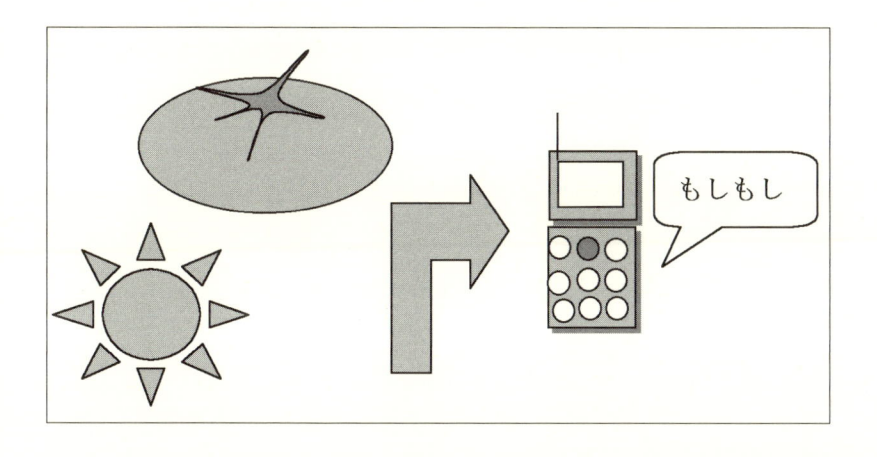

　例えば、この1枚のカードを使って、「とまと」「昼」「右」「電話をする」という表現を学習するのは、あまり感心するやり方ではありません。

　「電話をする」という表現を学習している時、学習者の目が、とまとの絵や矢印の絵に移ってしまっては、学習者は集中できなくなります。

絵を描く場合には、厚手の紙を用いたり、できあがった絵をラミネート加工すると、長持ちします。

　ピクチャー・フラッシュカードを何枚か組み合わせることで、学習者に口頭でストーリーを作らせる教室活動も可能です。

　しかし、異なった絵を3枚も4枚も同時に手に持って見せることはできませんから、マグネット使用が可能な黒板・ホワイトボードなどを活用しましょう。

## 第5章　レアリア

　レアリアとは、授業のために使用される実物教材のことです。レストランのメニュー・新聞の折込広告・観光案内書・各種パンフレット・スポーツクラブ等の申込書・雑誌など、利用できるものはたくさんあります。

　基本的には、教室に持ち込めるものは、すべてレアリアと言っていいでしょう。めがね・腕時計・ネクタイ・イヤリング・本・机・椅子など、身の回りのものは即レアリアとして活用できます。

　レアリアの長所は、何と言っても、現物ということです。ことばで説明するよりも、そのものズバリを見せた方がよくわかります。ですから、授業では、できるだけレアリアを利用すべきです。

　もちろん、教室に持ち込めないものもあります。例えば、猫や犬は、何とか持ち込むことができるかもしれません。しかし、授業の度に、教師が猫や犬を連れてくるわけにはいきません。牛や馬はもっと無理でしょう。

　そんな時は、絵を利用することができます。例えば、以下のような簡単な絵はパソコンでも作成できます。

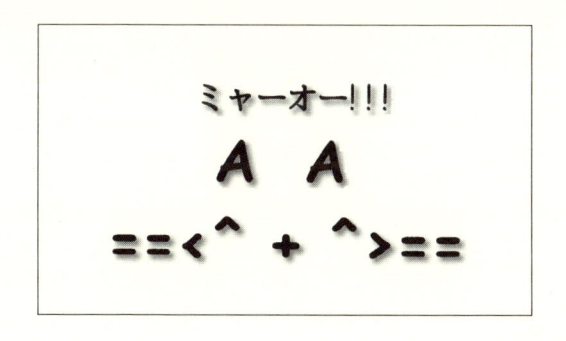

```
        ミャーオー!!!
          A  A
        ＝＝＜＾ ＋ ＾＞＝＝
```

ツールの活用　147

レアリアは、語彙の導入や文型練習などに広く利用されています。また、会話練習やロール・プレイにも最適です。

　例えば、「寿司屋で注文する」という場面設定で練習する場合、実際に使われているメニューを見ながら練習した方が、学習者は、よりリアルで即実践に活かせるという感覚を持つことができるので、授業効果も上がります。

　以下は、福岡市のお寿司屋さん「寿司割烹大はら」のメニューです。レアリアの例として挙げておきたいと思います。活用法をいろいろと工夫してください。

　（余談ですが、大はらさんのお寿司はおいしいですよ。是非、お試しあれ。）

# 寿司割烹 大はら

『寿司割烹 大はら』は、
新鮮な魚をお手ごろ価格で食べていただける
明るく入りやすいお店です。
カウンター11席、小上がり10席、
ご予約いただければ、
予算に合わせたコース料理もございます。
昼のランチ、その他季節料理もございます。
皆様のお越しを、心よりお待ちしております！

## メニューの一部です。

- **にぎり寿司** 上にぎり2,400円、大原にぎり1,600円、巻寿司750円
- **お好み寿司** 中トロ400円、大トロ600円、鯛300円、アナゴ300円
- **一品料理** 自家製味噌漬700円、特製玉子焼600円、茶碗蒸420円、赤出汁320円
- **ドリンク** 生ビール＆瓶ビール530円、黒キリ320円、清酒1合420円
- **ランチ(11:00～13:30 OS)** 大原820円、盛り寿司1250円、ちらし寿司セット1050円、桜1600円

■写真は4,000円のコース料理です

## 住所

〒810-0023
福岡市中央区警固1丁目1-10
エステートモア警固本通り1F
電話(092)-737-2586

## 営業時間

- ランチ／11:00～14:00 (OS13:30)
- 夜　　／17:00～23:00 (OS22:30)

※定休日：毎週火曜日

## 第6章　カセットテープレコーダー

　黒板・ホワイトボードについでよく利用されるのがカセットテープレコーダーです。

　黒板・ホワイトボードは視覚教具、カセットテープレコーダーは聴覚教具ということになります。

　カセットテープレコーダーにはいろいろな種類がありますが、ハンディーで操作が簡単なものを選ぶとよいでしょう。

　もちろん、カセットテープレコーダーだけでは、どうしようもありません。テープ教材が必要です。日本語学習用としては、CDもよく使われているので、現在は、テープ教材は少なくなってきているようです。

　その一方で、教師による市販のものでない教材としての活用度が高くなっていると言えるでしょう。活用法としては、以下のようなものが挙げられます。

①　教師が、基本文型のモデルを提示し、学習者は反復練習をおこなう。

②　テキストの本文を音声で聴かせる。

③　ディクテーションの練習をおこなう。

④　会話文を聴かせる。

## テープ教材のポイント

　テープ教材の選択・作成にあたっては、以下の点に留意が必要です。

① 音声が明瞭であること。
② モデルの話す速度が適切であること。
③ 例がわかりやすく、指示が明白であること。
④ 反復の回数が適切であること。
⑤ 学習者が反復するために必要なポーズがタイミングよくとってあること。

　録音テープは、アクセントやイントネーションなどが、はっきり表出されていることが大切です。特に、初級レベルの学習者には、明瞭な音声を提供すべきです。

　モデルの話す速度は、速すぎても遅すぎてもいけません。それに、できるだけ自然に発話されている教材の作成に力を注ぐ必要があります。もし、可能でしたら、効果音の工夫もおこなってみてください。

　テープで演習問題の指示を出す場合は、必ず例を提示し、学習者はどういう練習を要求されているのかを明確にする必要があります。

　また、学習者に反復練習をさせる場合は、反復できるだけの時間的余裕をあたえるようにしなければなりません。

　1つのセンテンスを反復している間に、次のセンテンスが出てきてしまっては、学習者は焦ってしまい、練習になりません。逆に、ポーズが長すぎても間延びしてしまい、練習のリズムが壊れてしまいます。

　ほどよいポーズをとりながらテープ教材を作成するには、次のよ

うな要領でおこなうと上手くいきます。

① 最初のセンテンスを録音する。

② そのセンテンスを頭の中で2度繰り返す。その際、テープは録音状態に保っておく。

③ 次のセンテンスを録音し、それを2度頭の中で繰り返す。テープは録音状態にしておく。

④ 順次、上記の要領で録音を続ける。

また、絵・写真などの視覚教材を併用することも可能ですから、授業内容に合わせて積極的に活用すべきです。例えば、ディズニーランドでの1コマを描写した日本語文のディクテーションなどは学習者の興味を引くのではないでしょうか。

2004年夏季ウイスコンシン州立大学日本語教育体験学習参加者

# 第7章 スライド

　スライドとは、専用映写機を使ってスクリーンに静止画を映し出すための写真です。必要なスライドを映写機の中に準備しておけば、スイッチを押すごとに順次連続して静止画を映し出すことができます。

　スライドの利点は、学習者が間接的とはいえ、日本の風俗・風景や生活様式を実感できることです。

　特性としては、次のような点が挙げられます。

① 自作が容易で、コストも比較的安い。

② 必要に応じて、コマ送り・巻き戻しができる。

③ スライドの保管が容易にできる。

④ テープレコーダーなどの併用で、映像と音声のコーディネーションが比較的簡単にできる。

利用法としては、日本の行事・習慣を紹介したスライドを見せながら、日本語で説明をしたり、逆に、口頭練習のために、学習者に説明をさせることもできます。例えば、次の画像などは笑いを誘うと思います。

塚本智美　筑紫女学園大学英語学科

何枚かスライドを組み合わせて、学習者にストーリーを作らせるのもよいでしょう。これは、口頭練習の形でもできますし、ノートに書かせて、ライティングの練習の形にするのもよいと思います。

## 第8章　OHPとドキュメントカメラ

　OHPは、黒板・ホワイトボードとピクチャーカードの機能を併せ持った視覚教具です。

　TP (Transparency) と呼ばれる透明なフィルムに、油性・水性のマーキングペンで文字を書いたり絵を描いたりしてステージと呼ばれる台の上にのせてスクリーンに投影できます。

　OHPの特性としては、次のような点が挙げられます。

① 操作が容易にできる。

② 明るい部屋でも使用できるので、学習者はノートがとれる。

③ TPにカラーペンも使用できるので、色の使い分けが可能。

④ TP教材が簡単に自作できる。

⑤ 地図・図表など、そのままコピーしてTP教材として使用できる。

⑥ TP教材の消去・加筆が容易にできる。

⑦ 教師は学習者に背を向けることなく教材提示ができるので、学習者の反応を見ながら授業を進めることが可能。

⑧ 複数のTPを重ねて投影できるので、教材の部分的提示が可能。

　ドキュメントカメラは、OHPをグレードアップしたものと言ってよいでしょう。前記したOHPの特性の他に、写真・雑誌・現物など、そのままステージにのせて投影できるという利点があります。ですから、TPを準備する必要がありません。

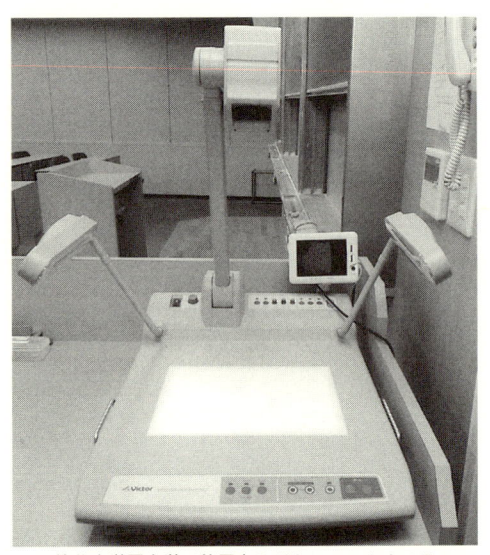

筑紫女学園大学で使用中のドキュメントカメラ

　例えば、以下のような地図をそのまま投影して、目的地に行くまでの道順に関する日本語を学習したりできます。

　そうすれば、この地図を学習者全員に配布する必要もなくなります。また、必要に応じてマーキングペンで加筆したり、消去したりできるので便利です。

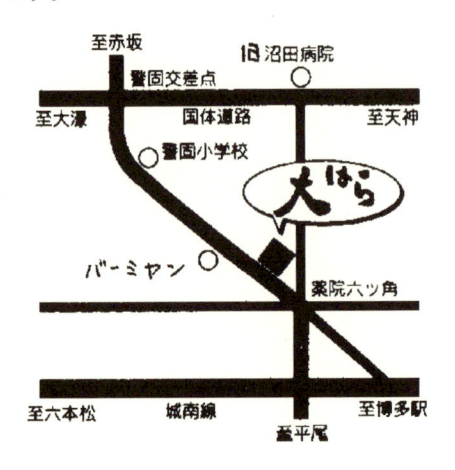

このように、OHPやドキュメントカメラをうまく利用すれば、授業に変化をもたらすことができます。教室活動の幅を拡げるためにもおおいに活用すべきです。

　OHPやドキュメントカメラの種類は豊富です。機種などの選択にあたっては、利用方法や購入予算などを考慮する必要があるでしょう。

# 第9章　VTRと映画

　VTR・映画の最大の魅力は、何と言っても動画にあるでしょう。印刷メディアと違い、映像と音声を同時に利用できるVTR・映画は、よりリアルなコミュニケーションの場面を提示できます。

　VTR・映画の特性としては、次のような点が挙げられます。

① 動きのある映像が、聴覚・視覚を同時に刺激するので、学習者の学習意欲を高め、より大きな学習効果が期待できる。

② 操作が簡単で明るい部屋でも使用できる。

③ 編集やダビング等が容易にできる。

④ 音声を消去し、映像のみの利用も可能。

⑤ ビデオカメラも手軽に利用でき、自作教材が比較的容易に作成できる。

　その他にも、ビデオキャプションを活用すれば、キャプションを自由に呼び出したり、消去したりできるので、音声だけで聴解練習をおこなった後で、キャプションを出して、正確に聴き取れたかどうか、文字で確認することができます。

また、ビデオデッキ、テレビ、パソコン、プリンターなどを接続することで、画面に呼び出したキャプションをプリントしてシナリオを作成することもできます。

　そうすれば、作成したシナリオを読解教材としても活用できるし、シナリオの何箇所かを空欄にしておいて音声のみ聴かせ、空欄を学習者に埋めさせるクローズ形式の聴解練習も可能です。

# 第6部 eラーニング

## 第1章 インターネットとマルチメディア

　インターネットを中心とするマルチメディアの登場は、外国語教育にも大きな影響をあたえています。例えば、インターネットを活用した学習方法などは、私たちの学習環境を変革する結果となっています。そして、現在もその技術革新は留まることを知りません。

　これまでにも、教育現場にさまざまな教育機器が導入されてきました。しかし、文字の提示はできても、音声が提供できないとか、静止画は活用できるが、動画は困難であるとか、それぞれ教師の期待に答えるには不十分でした。

　しかし、マルチメディアの発達に伴い、これまではできなかったことが可能になりました。

　ビデオ・オン・デマンドという映画配信サービスもその1つです。専用受信機を使って回線とテレビを接続し、リモコン操作でビデオ・ライブラリと呼ばれるシステムに蓄えられている映画を好きな時間に自由に自宅で観ることができます。さらに、インターネットを介してカメラ付きパソコン同士を接続して対話するビデオチャットも可能です。

　また、インターネットを利用した教育システム、WBT (Web Based Training) システムを利用することによって、インターネットに接続すれば、いつでもどこでも、地理的・時間的制約を受けずに学習することもできます。教材は、サーバーに置いておけば、情報通信ネットワークを通して利用できます。

図6-1　WBTシステム

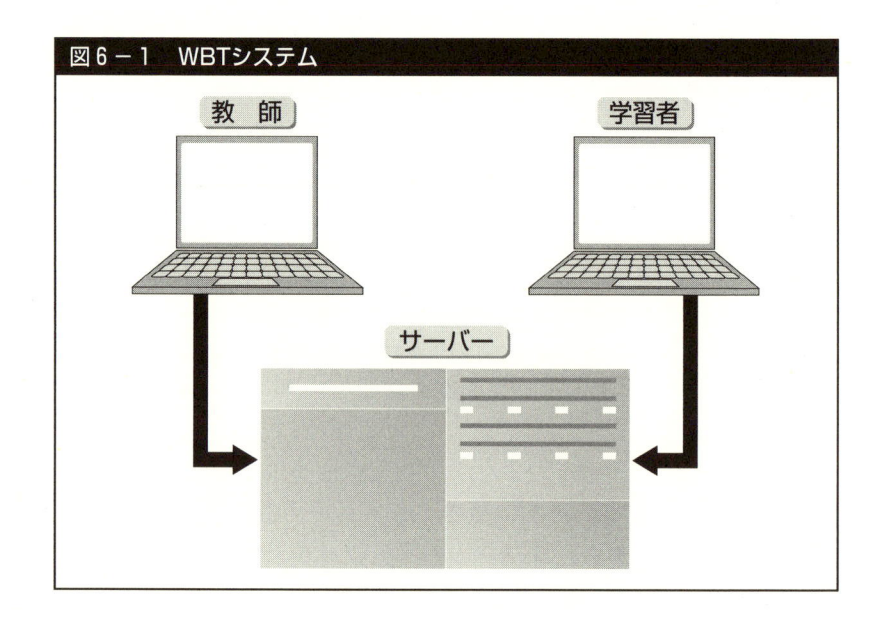

　実際、インターネットによる教育を通して、自宅にいながらアメリカやイギリスなど、海外の大学や大学院から学位を取得する人たちが増えています。

　もちろん、日本の大学の一部でも、海外からの学習者たちに教育を提供しているところもありますし、eラーニングの取り組みはさらに盛んになっていくことでしょう。

　日本語教育もeラーニングの恩恵を受けています。

　例えば、国際交流基金日本語事業部試験課では、海外の日本語学習者のために、インターネットを活用して利用できるOnline Japanese SUSHI Testを開発し、2004年3月から運用を開始しています。これを利用することで、海外の日本語学習者は自分の基礎的な日本語能力を測定することができます。

ネットワークにのせて授業を提供する際、技術の専門家でない教師や学習者のために、より使いやすい学習環境を整えていく必要があることは言うまでもありません。

　そのために解決しなければならない問題は多くありますが、とりあえず、この第6部では、現在利用可能なオンライン学習における教育機器に焦点をあてながら、日本語授業の新しい可能性を考えます。

## 第2章 CD-ROMとDVD

　CD-ROM・DVDの利点は、学習者それぞれのニーズにあわせて、文字、音声、画像（静止画・動画）を簡単に提供できるということです。もちろん、グループ学習においても、同じ機能を発揮することができます。

　現在、日本語学習者のためのCD-ROM教材には、さまざまな種類がありますが、用途別に大きく分けると以下のようになります。

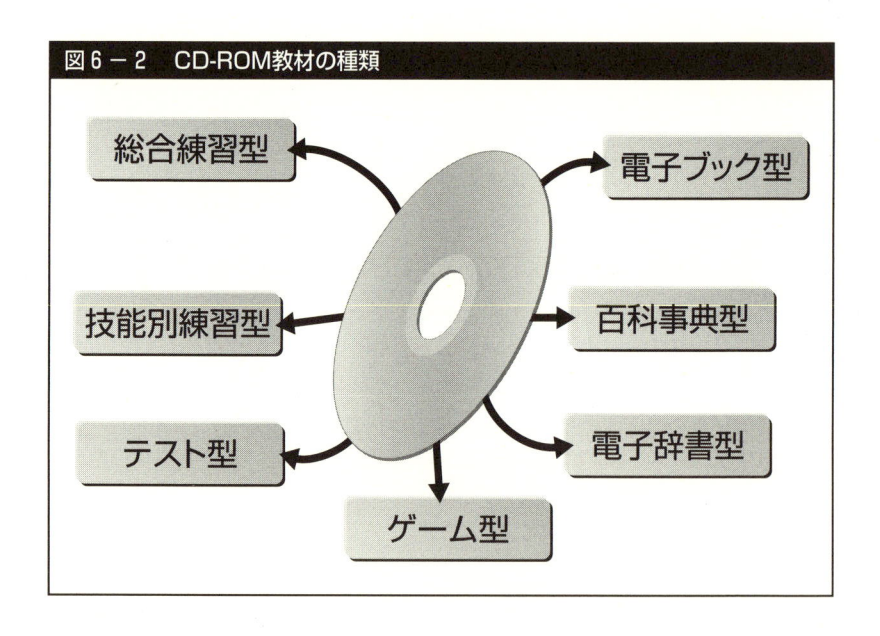

図6－2　CD-ROM教材の種類

- 総合練習型
- 技能別練習型
- テスト型
- ゲーム型
- 電子ブック型
- 百科事典型
- 電子辞書型

　総合練習型教材は、上記のCD-ROM教材のさまざまな要素を取り入れたものが主流です。

　音声はもちろん、画像（静止画・動画）を併用した発音練習、ロール・プレイ、内臓電子辞書による意味確認、フィードバック付き

のテストによる学力チェックなど、利用範囲は大きいと言えます。

　技能別練習型は、聴く・話す・読む・書くの4技能を、学習者のニーズに合わせて、個別に、かつ集中的に訓練するための教材です。

　テスト型は、文字通り、学習者の日本語力を確認・評価するために利用されます。自動採点・自動集計の機能を使えば、学習者は即座に自分の成績を知ることができます。

　ゲーム型は、スペリングや発音の練習をゲーム感覚で進めて行くタイプのものが多く、基礎力を養成するには効果的です。

　電子ブック型は、画像と文章を組み合わせたものが主流です。静止画・動画を見ながら、ストーリーを聴く練習や、発音練習、文章を見ながらの読解練習など、楽しみながら学習を進めて行くことができます。

　電子辞書型は、和英辞典、漢和辞典、英和辞典など、さまざまです。何冊もの辞書の役目を電子辞書1つで果たすことができ、しかも、簡単に持ち歩けるので、いつでも学習可能です。

　百科事典型は、文字、音声、画像を組み合わせたマルチメディア・タイプのデータベースを提供しています。さまざまな情報が分野別にインプットされていますので、学習者は各自興味のあるトピックを検索することができます。

　DVDはCD-ROMと同じサイズの光ディスクです。しかし、DVDの方がCD-ROMより何倍もの量のデータを記録できます。最大650MBというCD-ROMの記憶容量は、2HDタイプのフロッピー約500枚分に相当しますので、DVDがいかに大容量であるかがわかると思います。

　DVDの魅力は何と言っても、高画質・高音質でしょう。特に、映画を語学教材として利用するには最適です。

音声言語も英語・日本語・中国語・フランス語など、多言語対応ができ、しかも、字幕言語も選択することができます。ですから、字幕のオン・オフや音声切り替え機能を活用すれば、会話練習や読解練習はもちろんのこと、逐次通訳や同時通訳の練習にも効果を上げることができます。

　さらに、字幕をパソコンに取り込んで編集したり、プリントアウトすることもできるので、補助教材として利用することも可能です。

　頭出しや繰り返し再生が簡単でスピーディーにできます。さらに、メニューやマルチストーリーの分岐構造を用いれば、特定部分の再生が可能なので、発音や会話の反復練習などが容易にできます。

> やあ、しばらく。元気だった？

> やあ、しばらく。元気だった？

> やあ、しばらく。元気だった？

## 第3章 パソコン

パソコンの基本的利用法としては、以下の3つが挙げられます。

（1）インターネットで情報を収集する。

（2）電子メールでやりとりをする。

（3）文書や表を作成する。

その他にも、次のような利用法があります。

（1）音楽を聞いたり編集する。

（2）CD-ROMやDVDで音声・画像を楽しむ。

（3）スキャナーで画像を取り込んだり編集する。

（4）デジタルカメラの画像を取り込んだり編集する。

（5）携帯電話とのやりとりをする。

図6-3　パソコンの利用法

- 電子メール
- インターネット
- 文書・表作成
- 音楽
- デジタルカメラ
- CD-ROM・DVD
- スキャナー
- 携帯電話

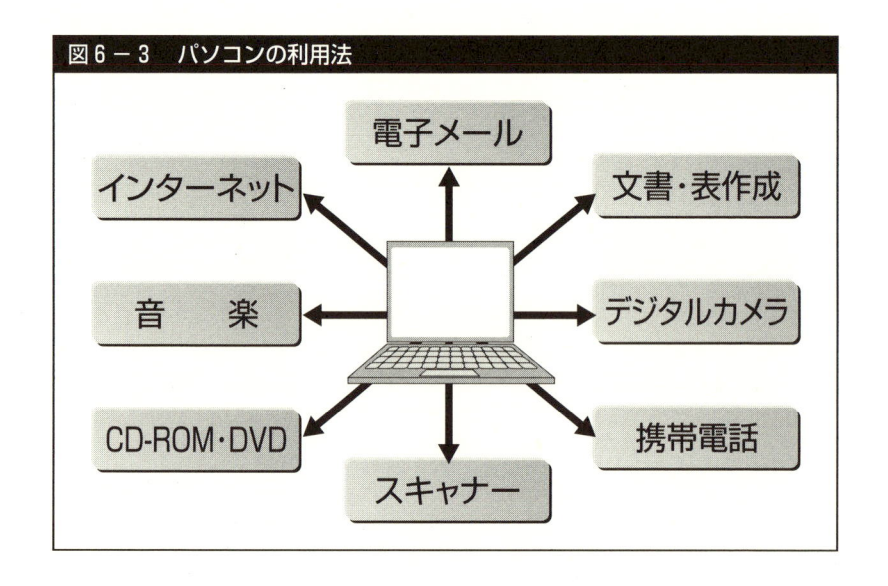

　このように、概観しただけでも、かなりの活用法があります。これらの活用法をマスターすれば、より効果的な学習形態・学習環境を提供することが可能になります。従来の単なるワープロとしてのパソコン利用では、あまりにももったいないというものです。

　また、これまでとは違う新しい学習形態として世界各国で盛んに導入されつつあるe-Learningを教育現場で活用するためにもパソコンは欠かせません。

　e-Learningは、教員が教壇に立っておこなう従来の一斉授業を、各学習者のニーズにあわせたインターアクティブな授業へと変えていくものとして期待を集めています。

　基本的なe-Learningの学習形態は以下のようなものです。

図6-4　e-Learningの基本的学習形態

学習者（自宅・寮）

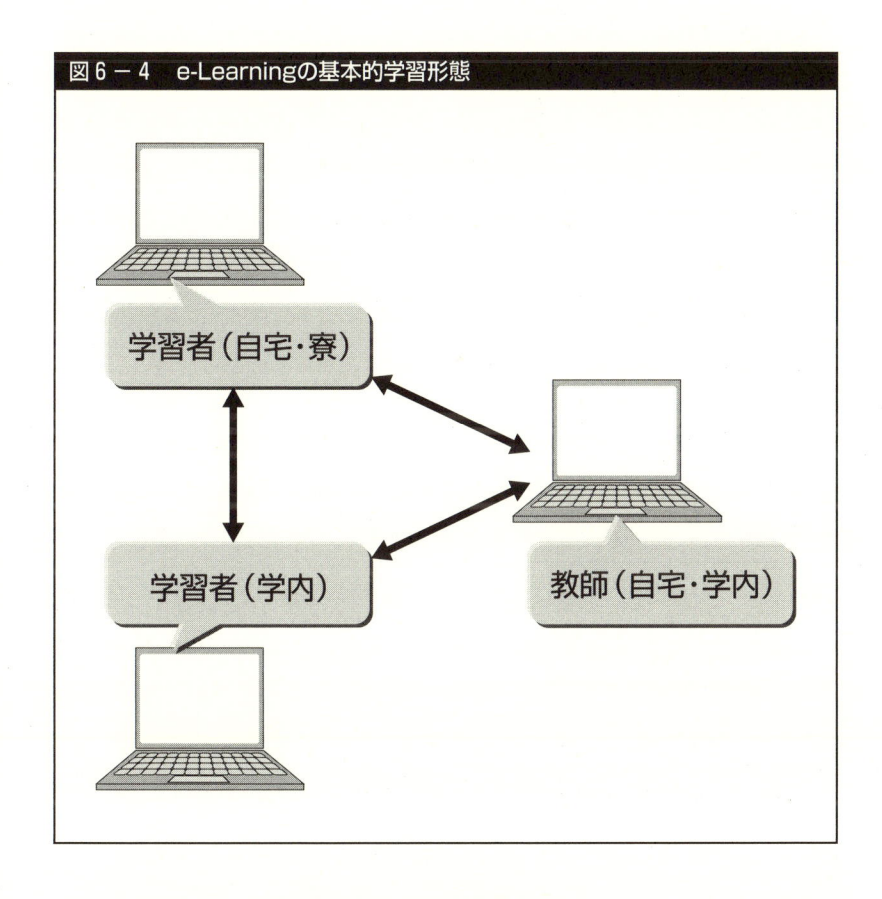

学習者（学内）

教師（自宅・学内）

　学習者と教師・学習者同士の質疑応答は、インターネットへのアクセスが可能であれば、場所や時間を限定せずに、e-mailなどによっておこなうことができます。

　授業のフィードバック、レポート提出、成績評価なども自由にやりとりができます。もちろん、個人情報の保護には万全を期す必要がありますが、学習者中心の授業を展開し、教育の質を高める手段として、e-Learningが、ますます活躍の場を拡げていくことは間違いないでしょう。

## 第4章　電子メールと携帯電話

　電子メール(e-mail)とは、「パソコン同士をインターネットで結んでおこなう手紙のやりとり」と言えるでしょう。

　しかし、従来の手紙のやりとりと違う点は、電子メールを利用すれば、一瞬のうちに世界の人々とコミュニケーションをとることができるということです。

　そのため、電子メールの迅速さと比較して、普通の手紙のことをsnail mailと呼んでいます。「カタツムリのように遅く着く手紙」という意味です。

　しかし、電子メールの特徴はスピードの速さだけではありません。その他にもいくつかすぐれた点があります。これらの利点を活かせば、より効果的な交流学習が可能になります。

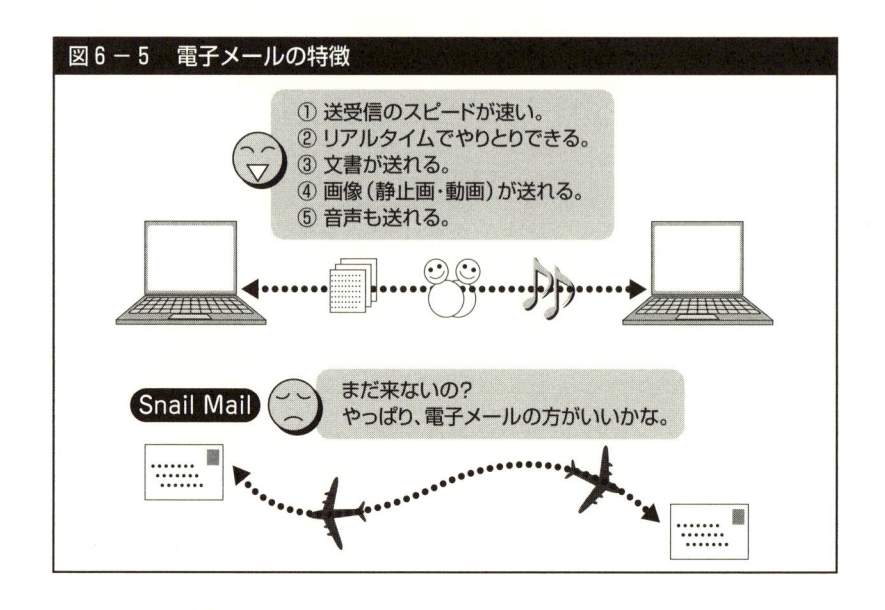

図6-5　電子メールの特徴

① 送受信のスピードが速い。
② リアルタイムでやりとりできる。
③ 文書が送れる。
④ 画像(静止画・動画)が送れる。
⑤ 音声も送れる。

Snail Mail
まだ来ないの？
やっぱり、電子メールの方がいいかな。

電子メールを利用した事例を2つ見てみましょう。

**1）文章作成の指導**

著者が筑紫女学園大学で海外からの留学生に教えている「日本語A」のクラスを例に取り挙げます。

文章作成の指導にあたっては、始めに、以下のような枠組みを留学生たちに作成させます。文章作成は400字詰原稿用紙5枚程度を目標にしています。

> ① タイトル
>
> ② 内容構成
> ・はじめに
> ・段落1
> ・段落2
> ・段落3
> ・おわりに

①は、各留学生が決めます。自分にとって身近で興味のあることを自由に書いてほしいからです。

さらに、文法的間違いや綴りの間違いは気にしないように伝えます。内容を読み手に伝えることに重点を置きたいからです。

また、日本語でまとまりのある文章を作成した経験がほとんどない留学生たちにとって必要なのは、できるだけ多く書くことだと考えるからです。換言すれば、文章作成指導の初期段階では、質より量を大切にしたいということです。

②に関しては、「はじめに」と「おわりに」の役割を留学生たちに説明します。それから、各段落に見出しをつけるように指示を出します。

以上の事前学習が終わると、各留学生は、「はじめに」の最初の下書きを作成して電子メールで提出します。著者は、提出されたものをチェックし、コメントを付して電子メールで送り返します。

次に、留学生たちは返送された下書きを手直しし、再校として著者に提出します。こうした電子メールを利用した指導を校了の段階まで繰り返します。

以下は、ネパールと中国からの留学生による「はじめに」の最初の下書きです。参考までに提示しておきます。

---

(Indu Pokharelさんの作文)
日本での2年間
はじめに

　人生にはいろいろあります。生まれて死ぬまで毎日なにか新しい事が起きます。自分の大事な人と会ったり、はなれたくないのにはなれてしまったりする事があります。忘れたくないこともあればまったく思い出したくない事ももちろんあります。私が今から書こうとしていることは思い出したら辛かったなと思った事やいつの間にか経ってしまった2年間の楽しかった事です。

> （趙　茹意さんの作文）
> 留学生の生活
> はじめに
>
> 　国と国の交流が進んで、経済の発展に伴って、各自の知識欲が高くなっています。自国の中で学習して、不十分だと感じている人は多いと思います。各自の夢を抱えて、それを実現するために外国で一生懸命頑張っている留学生は比較的いると思います。その一方で自分がなぜ留学しているのかを考えずに頑張っていない人もいると思います。留学生の生活は一体どうだろうか？楽しさ、さびしさ、悩みがあるでしょう？私は留学生の一人として自分が感じたことや思ったことを述べたいと思います。

## 2) 学習者間のやりとり

　学習者間のやりとりを電子メールでおこなうように促すことで自主的学習環境を提供することができます。

　例えば、前述した電子メールを利用した「文章作成の指導」の一貫として、学習者同士でそれぞれの作成した文章をチェックし合うようにします。意見・質問等を交換することでお互いが書いたものを評価できます。

　その他、共通のテーマを設定して、そのテーマに関して各学習者が検索した参考資料（文書・画像）などを交換し合うことも有効的な利用法です。

　アイデアを出し合う、いわゆるブレーンストーミングを電子メールを活用しておこなうわけです。そうすることで、より活発な交流

学習・相互学習を促進することができます。

　同じように、携帯電話も教師と学習者、学習者と学習者との教育的コミュニケーションのために活用できます。

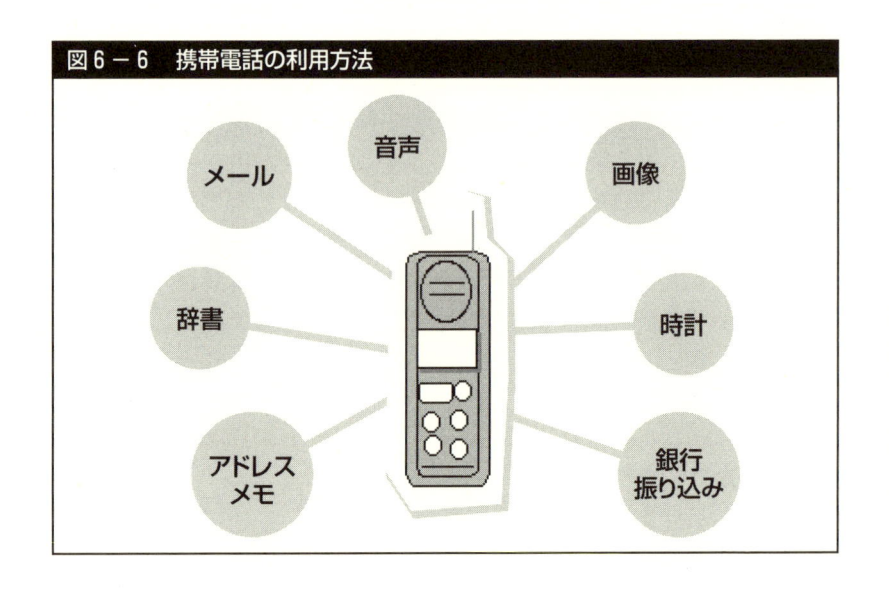

**図6－6　携帯電話の利用方法**

（メール／音声／画像／辞書／時計／アドレス　メモ／銀行　振り込み）

　機能の多様化にともない、図6－6が示すように、利用方法もさまざまですが、教育的利用という観点から見れば、やはりメールや音声・画像の送受信が中心になるでしょう。

　例えば、先に述べた電子メールを利用した文章作成指導と基本的に同様の方法が可能ですが、携帯電話を利用する場合は、「書きことば」としての文章よりも、「話しことば」としての文章に重点を置くことを薦めます。

　学習者間の電子メールでのやりとりの特徴である

1）形式的な部分の省略

2）簡潔な口語的表現の使用

3）単刀直入な内容構成

4）個人的なコミュニケーション目的

という点を活かして日本語の練習に応用すると効果的です。

　以下のメールを見てください。著者が担当した「卒業研究」クラスの学生の一人が送ってくれたものです。

---

すいません。顔文字を送るのすっかり忘れてました。
笑顔→(^-^)(^o^)　(^∪^)　(≧▽≦)
泣き顔→(;_;)(ToT)(;-;)
怒り→(｀△´)(｀Д´)困る→(^_^;)(-_-;)(￣～￣)(´ε｀)
ごめんなさい→m(__)m
だいたいこんな感じです。他にもウィンク→(^_-)-☆寝る→(__)Zzzバンザイ→＼(^O^)／投げキッス→(*^3^)/~☆ハテナ→(?_?)お手上げ→¦(-_-)¦などホントにイロイロとあります。今回メールした顔文字のほとんどは初めから携帯に登録してあったものです。こんな感じでヨカッタですか？？他にも何かあればいつでもメールします。

---

　例えば、このメールを使って留学生たちに次のような練習をさせることが可能です。

　① 相手へのお礼を書かせる。

eラーニング 175

② メールには入っていない顔文字を教えあったり、新しい顔文字を説明文とともに提案させる。

③ メールの内容を、挨拶や署名など形式的な部分も加えながら、フォーマルな「書きことば」重視の手紙に書き換えさせる。

　電子メール・携帯電話の利用法はまだまだあります。学習支援ツールとしてもっと幅広く活用すれば、学習効果を上げることができるはずです。

## 第 5 章　電子掲示板

　電子掲示板は、インターネット上にウェブサイトの形態で提供されている掲示板サービスのことで、すべての参加者が自由に読み書きできるようになっています。

　例えば、米国ウイスコンシン州にあるUniversity of Wisconsin, Oshkoshでは、日本語学習者のために電子掲示板を活用しています。

　著者もゲストメンバーとして利用することができます。ゲストメンバーとしての登録が済むと、さっそく、以下のフォームに書き込んで参加者全員に自己紹介を掲示することになります。

| Yoshihiro's Profile |  |
|---|---|
| First Name : | Yoshihiro |
| Last Name : | Nakamura |
| Nick Name : |  |
| Email : |  |
| Job Title : |  |
| Company : |  |
| Home Phone : |  |
| Business Phone : |  |
| Mobile Phone : |  |
| Fax Number : |  |
| Address 1 : |  |
| Address 2 : |  |
| City : |  |
| State/Province : |  |
| Country : |  |

eラーニング　177

| | |
|---:|:---|
| ZIP/Postal Code : | ☐ |
| Birthday : | ☐ |
| Homepage : | ☐ |
| Hobbies : | ☐ |
| About Me : | ☐ |
| Picture : | |
| Future Goals : | ☐ |
| Favourite Musical Group : | ☐ |
| Favourite Websites : | ☐ |
| : | ☐ |
| : | ☐ |
| Most Memorable Learning Experience : | ☐ |

　参加者全員が読むことができ、自由に書き込みができる掲示板は、情報交換や意見交換などに活用することで、参加者間のコミュニケーションを促進することができます。自己紹介の掲示は、そのための第一歩と言えるでしょう。

　また、電子掲示板に授業内容を掲示することで、学習者の予習・

復習も可能になりますし、教室内での授業と連動する工夫をすれば、学習意欲を高めることにも繋がります。

## 第6章　パワーポイント

　パワーポイントは、プレゼンテーションソフトと呼ばれ、ビジネスや教育の分野などで幅広く活用されています。

　パワーポイントは、OHPとスライドの機能を単に合わせ持つばかりでなく、より多機能でパワーアップした、ハイテク・スライドと言えるでしょう。

　例えば、プレゼンテーションの際、OHPではTPを換えるたびに言葉がとぎれたり、スライドではスライドを入れ替えるときにノイズが出たり、前のスライドに戻ったりするのに手間がかかることがあります。

　一方、パワーポイントは、ノートパソコンがあれば、クリック1つですばやく提示できます。

　さらに、静止画ばかりでなく、動画も効果音と共に投影できます。豊富なカラーも使えますし、資料作成には非常に便利です。

　文字が遠くから近づいてきたり、上から表示されるアニメーション機能も魅力的です。この機能を活用すれば漢字の学習などが楽しくおこなえます。

　もちろん、パソコンに取り込んだ写真やFD/CDなどの素材もプレゼンテーションファイルに加えることができますから、多種多様なプレゼンテーションが可能です。

楽しい日本語

1．おはようございます。
2．これはいくらですか。
3．どこへ行きますか。
4．いつ帰りますか。

スライドの例

# 第7部 評価法

## 第1章 評価とテスト

　たかがテスト、されどテスト。どんなテストでも、受けるとなると誰でも緊張して胸がドキドキするものです。

　テスト一つで、人生が変わってしまうこともあります。例えば、アメリカ留学を目指している人にとっては、TOEFL® Test の成績は大変大事なものです。アメリカ留学の第一歩を踏み出すための最初の難関ですから。

　また、日本の大学への入学を希望している日本語学習者にとっては、日本語能力検定試験は人生を左右するほどの大切な試験です。

　しかし、クラスでのテストは、そうであってはならないと思います。クラスでのテストは、あくまで学習の一部であるべきです。学習の進捗状況を示唆し、学習を促進すべきものであって、失望だけをあたえるようなものであってはなりません。

　それだけに、クラスでのテストは、その目的を明確にしたうえ、慎重に作成することが重要です。

　「明日は、ひさしぶりにテストでもするかな」というのでは、良いテストは作成できません。少なくとも、以下の手順を踏む必要があります。

### 図7-1　テスト作成の基本的手順

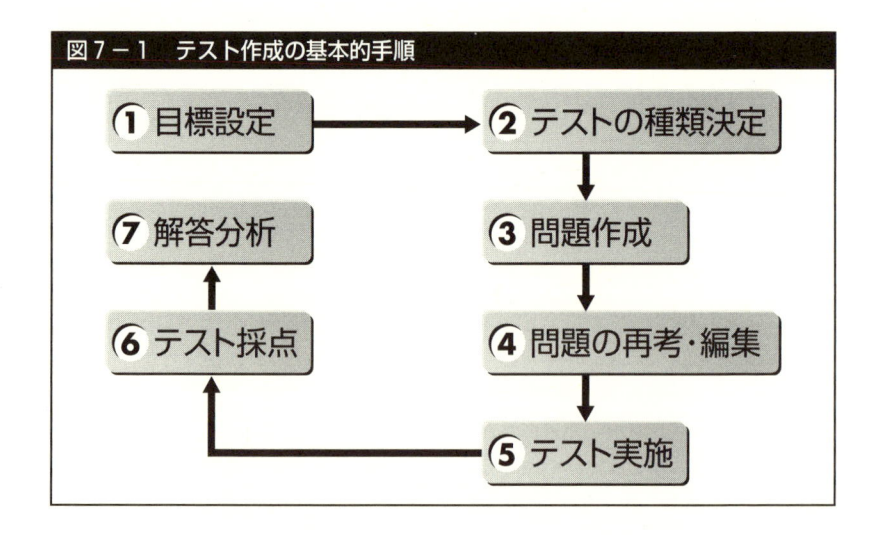

① 目標設定 → ② テストの種類決定 → ③ 問題作成 → ④ 問題の再考・編集 → ⑤ テスト実施 → ⑥ テスト採点 → ⑦ 解答分析

　テストにはさまざまな種類がありますが、大きく分けると以下のようになります。

### 図7-2　テストの種類

① **適正テスト(Aptitude Test)**：外国語学習に対する適正を調べる。

② **プレースメントテスト(Placement Test)**：学習者を適切なレベルのクラスへ振り分けるための能力テスト。

③ **総合能力テスト(Proficiency Test)**：総合的な外国語能力を測定する。

④ **習熟度テスト(Achievement Test)**：特定のコースにおける理解度を測定する。

　私たち日本語教師が常に係わりを持つのが習熟度テストです。さ

らに具体的に言うと、担当しているコースの進展に合わせておこなうクラスでの小テストや中間試験・期末試験のような総括的なテストです。

これらのテスト結果を分析・検討することで、学習者がどの程度目標に到達できたか、学習者の弱点は何か、そしてその弱点を克服するにはどうすればよいのか、といった点を把握することができます。

それに、教師にとっては、効果的な授業をおこなっているかどうかを見直す良い機会にもなります。

テスト作成にあたっては、以下の2点に特に注意を払う必要があります。

① **妥当性**：テストが測定したいことを本当に測定できるものかどうか。

② **信頼性**：テスト結果が一貫したものになるかどうか。

例えば、テストが読解力を測定するものであるとすれば、その目的に適ったテストを作成しなければなりません。聴解力を測定するのであれば、聴解力を測定するようなテストをデザインしなければなりません。

当然のことだと思うかも知れませんが、実際にテストを作成すると、どんなに経験豊富な教師でも、とにかくテストを作らなければいけないということで、そのことばかりに気をとられて、本来のテストの目的を忘れてしまうことがよくあるのです。

また、テストが易しすぎたり、難しすぎたりすると一貫性のある評価結果を導き出すことができません。推測だけで答えられるよう

な問題ばかりでは、困りますし、問題の内容が偏りすぎても妥当な評価はできません。

　教師は、学習内容を偏りなく網羅したテストを作成するように心がけることが大切です。

　教師による自作テストには、大きく分けて主観的テストと客観的テストの2つのタイプがあります。

　主観的テストとしては、長文を読ませてその大意を記述させたり、トピックをあたえて作文を書かせたりするなどの方法があります。主観的テストは、採点基準を設定するのが難しく、採点にも時間がかかるという難点はありますが、学習者の総合的な習熟度を測定するには効果的な方法と言えます。

　一方、客観的テストは、コンピュータによる採点も可能なので、短時間で結果を出すことができます。しかし、問題作成には相当な時間が必要です。客観的テストとしては、真偽式テスト、組み合わせ式テストなどがあります。

　教師は、テストの目的に応じて主観的テスト・客観的テストの両方を用いることが必要なのは言うまでもありませんが、実際には、クラステストとしては、客観的テストが主流のようですので、次の章では、いくつか客観的テストの例を紹介することにします。

# 第2章　テストの種類

## 1）真偽式テスト

　まず、会話文や文章を配布し学習者に黙読させる。あるいは、教師が読みあげたり、テープに録音したものを聴かせてもよい。その後、叙述文をあたえて、それが内容と一致しているかどうかを問う。

**会話文**

店員：いらっしゃいませ。お持ち帰りですか。

太郎：いいえ。

店員：では、御注文をどうぞ。

太郎：チーズバーガーを２つとポテトのＬを１つ。

店員：お飲み物はいかがですか。

太郎：コーラのＭをください。

店員：はい。お先に御会計をさせていただきます。５８０円になります。

**問　題**

上記の会話文を読んで、内容と一致するものには○、内容と違うものには×をつけなさい。

| （　　） | 太郎はチーズバーガーを1つとポテトのLを2つ注文した。 |
| （　　） | 太郎はコーラのMも注文した。 |
| （　　） | 店員は580円のおつりを太郎に渡した。 |

　学習者は○×だけで解答するので、50パーセントの確率でまぐれで正解する可能性があります。したがって、真偽式テストの場合、できるだけ出題数を多くすることが必要です。

## 2）組み合わせ式テスト

　語や文など、二組のあいだで関連のあるものを組み合わせる。まぐれで正解することを防ぐために、できるだけ各組の項目数をちがえるようにする。

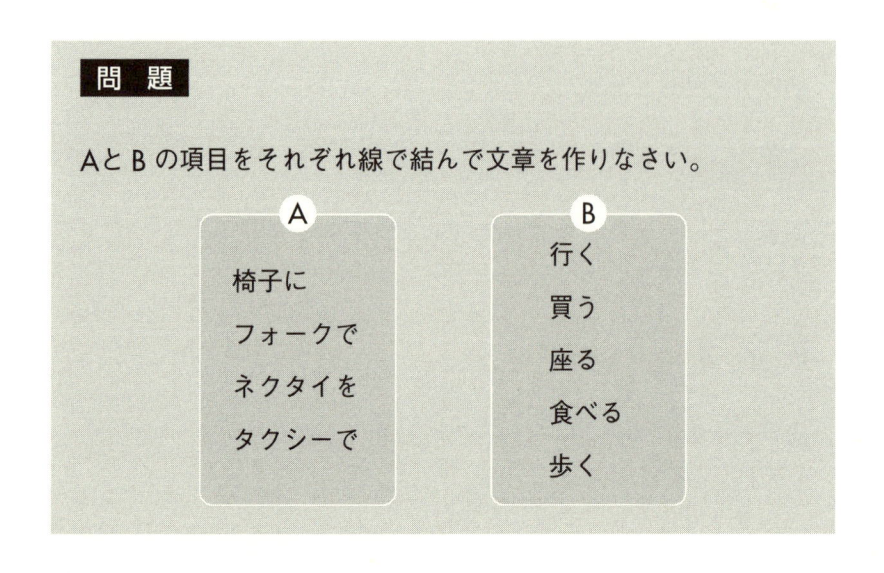

### 問題

AとBの項目をそれぞれ線で結んで文章を作りなさい。

| A | B |
|---|---|
| 椅子に | 行く |
| フォークで | 買う |
| ネクタイを | 座る |
| タクシーで | 食べる |
|  | 歩く |

### 3）多肢選択式テスト

問題に対して3～5の選択肢をあたえ正解を選ばせる。選択肢は、すべて文法的に誤りのないものをあたえるようにする。テストを通して間違った言語表現を覚えてしまうことを避けるために必要なことです。

---

**問 題**

Aに対するBの返答として最も適当なものを下記のa～eの中から選びなさい。

A：おひさしぶりですね。お元気ですか。

B：a）はい、いい天気ですね。
　　b）いいえ、わかりません。
　　c）はい、おかげさまで。
　　d）いいえ、失礼しました。
　　e）はい、そのとおりです。

---

### 4）穴埋め式テスト

文中の空所を適切な語句で補って文を完成させる。空所に入れるべき語句をあたえて選ばせる方法と、何もあたえないで学習者に補わせる方法とがあります。学習者の日本語レベルによってどの方法にするか決めるとよいでしょう。

### 問題

次の各文の（　　　）に最も適切な助詞を入れてそれぞれの文を完成しなさい。

a) あした雨（　　　）降ればピクニックは中止です。
b) タクシー（　　　）行きましょう。
c) この本（　　　）買うつもりです。
d) ジムと2人（　　　）食べました。
e) 3時（　　　）ここへ来てください。

## 5）訂正式テスト

文中の誤りを訂正させる。

### 問題

誤っている箇所を○で囲み、正しいことばを書きなさい。

a) デパートに買い物をしました。
b) サンドイッチが食べたくありません。
c) 新聞で書いてあります。
d) あしたは、バスに行きます。
e) 今日で私の誕生日です。

## 6）完成式テスト

　未完成の文を完成させる。このタイプのテストには、大きく分けて客観的テストと主観的テストの2つがあります。客観的テストは、選択肢をあたえて、その中から適切な文を選ばせて完成させるものです。主観的テストは、学習者に自由に書き加えさせて文を完成させます。テストとしてばかりでなく、作文の練習としても効果的な方法です。

### ●客観的テスト

**問題**

次の文をa〜dの中から最も適切なものを選び完成しなさい。

A）時間があれば、
　　a）急いだほうがよいでしょう。
　　b）山田さんと会うつもりです。
　　c）ゆっくりできません。
　　d）タクシーに乗るかもしれません。

B）a）足が痛かったら　　　散歩しましょう。
　　b）電車が来たら
　　c）天気がよければ
　　d）財布を拾ったから

● **主観的テスト**

**問題**

（　　　）に自由に書き加えてa～dの文を完成しなさい。

a）今日は学校へ行って（　　　　　　　）。
b）テレビを見たら（　　　　　　　）。
c）（　　　　　　　）ハワイ大学で勉強しています。
d）（　　　　　　　）アルバイトを見つけました。

## 第3章　対照分析と誤用分析

　対照分析の最大の目的は、学習者の母語と目標言語との相違点・類似点を比較することで目標言語を学習する際の困難点や誤りを予測することです。

　例えば、英語と日本語の対照分析から、英語の[r]や[l]の音声は日本語にはないので、日本人英語学習者には発音上難しい音と予測されます。そして、実際に、多くの日本人英語学習者が[r]や[l]の発音で悩まされています。

　同じように、英語の[f]や[v]といった子音、[ɔ]や[ə]といった母音も日本語には存在しないため、日本人英語学習者が苦労する音です。

　しかし、双方の学習者にとって日本語と英語の両方に存在する子音[b]や[m]などが、学習上の困難点でないということは容易に予測できます。

　その一方で、英語を母語とする日本語学習者にとっては、日本語の促音は悩みの種です。「着て」と「切手」や「坂」と「作家」の違いをうまく発音できない学習者が多いのです。そして、小さな「つ」で標記される促音は英語話者にとっては、聴き取りにくい音でもあるのです。

　その他、英語の「前置詞」と日本語の「助詞」はそれぞれの学習者にため息をつかせるものです。

　まず、英語と日本語では、語順が違います。前置詞も助詞もそれぞれ英語と日本語の語順に従ってこそ理解できるものですから、当然、語順の違いから起こる学習上の困難点は予測できます。

評価法　193

意味に関しても、対照分析することによって、理解する上での困難点を予測できます。日本にはあっても英語を母語とする日本語学習者の国にはないもの、例えば、「こたつ」や「襖」などは、英語に訳すのは困難です。

　ものの考え方にいたっては、お互いに理解するのが非常に難しくなります。例えば、「考えてはみますけど」を I will think about it. とか Let me think about it. と訳したとしても、日本語の持つ「でも、多分だめですよ」というニュアンスは英語にはありません。誤解が生じる可能性は十分に予測できます。

　「でも、多分だめですよ」ということを英語話者にわからせるには、But I do not think it would be possible. などと、はっきり言う必要があるのです。

　しかし、逆に、日本語学習者が「でも、多分だめですよ」と日本語ではっきり言ってしまったら、気まずいことになってしまいます。日本人にとっては、あまりにも直接的過ぎてコミュニケーションを阻害してしまう危険性があります。

　ここで問題になってくるのは、言葉使いを含めたコミュニケーションの仕方の違いということになるでしょう。これらの違いを探るのも対照分析の領域なのです。

　このように、対照分析はいろいろな角度から学習者の母語と目標言語とを比較するのですが、学習上のすべての困難点を予測することはできません。

　予測したことがまったく生じないこともありますし、予測しなかったことが困難点として浮かび上がってくることもあります。

　そこで、登場するのが、誤用分析です。

誤用分析の目的は、目標言語の学習過程で生じた誤りの原因を探ることです。そして、誤用分析は、基本的に以下のような段階を踏みます。

---

**図7-3　誤用分析の基本的手順**

① 誤用のデータを収集する。

② 収集した誤用をタイプ別に分ける。

③ 誤用の原因を調査する。

④ 誤用克服のための方策を提案する。

---

　誤用のデータは学習者に作文をさせたり、教師との会話を録音したりすることで収集します。

　もちろん、前章で論じた各種のテストによってもデータを収集することができます。むしろ、テストで得たデータを活用すべきです。

　評価のためのテストは、授業の進行に合わせておこなっていくものですから、注目すべき誤用が何であるのか特定しやすく、学習上の問題点をより明確に把握できるからです。

　次に、収集した誤用を「助詞の使い方」「発音上の誤り」「漢字の読みの誤り」などのように、タイプ別に分類していきます。さらに、「助詞の使い方」でも、「助詞の欠落」や「助詞の余剰」というように、体系的かつ詳細に分けていきます。

　誤用の分類が終了したら、それぞれ、何が原因で学習者は間違ったのかを検討します。

評価法　195

そして、最後に、誤用の原因を取り除き学習効果を高めるための方法を提案します。次の授業へつなげていくための大事なステップです。

---

**図7－4　誤用例**

### 日本人英語学習者

- Rinda like coffee.
  （Linda likes coffee.）
- What time go school?
  （What time do you go to school?）
- Taro went restaurant.
  （Taro went to a restaurant.）
- Makiko has two book.
  （Makiko has two books.）
- We have to change train at Okayama.
  （We have to change the trains at Okayama.）

### アメリカ人日本語学習者

- 山田さん走ています。
  （山田さんが走っています。）
- 電話本がありますか。
  （電話帳がありますか。）
- 勉強して3ヶ月のあと会話をできます。
  （勉強して3ヶ月後に会話ができます。）
- アルバイトを探しなければならない。
  （アルバイトを探さなければならない。）
- はじめって両親とはなれて日本へ来た。
  （はじめて両親とはなれて日本へ来た。）

# 第8部 プランの立て方

## 第1章 指導案の役割

教師にとって最優先すべき仕事は毎日の授業です。そして、その授業を効果的かつ円滑におこなうために必要なことは、しっかりと指導案を作成することです。

指導案には定型はありません。教師によって異なりますし、学習形態によっても違ってきます。しかし、指導案を準備する際に考慮すべき点はいくつかあります。

---

**図8-1　指導案作成上の留意点**

① **学習のポイント**：学習者が学ぶべきことは何なのか。

② **学習者のすべきこと**：学習目標を達成するために学習者は何をしなければならないのか。

③ **条件**：どのような条件・状況のもとに学習者は目標を達成しなければならないのか。

④ **到達レベル**：学習者はどのレベルまで達することを求められているのか。

⑤ **時間的制約**：学習者はどのくらいのスピードで学ぶ必要があるのか。

⑥ **目標達成すべき学習者の割合**：全学習者の何割程度が目標を達成できれば効果的授業だったと判断できるのか。

もちろん、指導案を作成するたびにこれらすべての留意点を考慮しなければならないということではありません。

　場合によっては、特に③と⑤に重点を置く、あるいは、④と⑥を優先するというようなこともあっていいと思います。

　大切なことは、上記の留意点を目安にして、何をどのように教えていこうとするのかをしっかり考えるということです。

　それと、もう１つ。指導案に基づいて教えた結果はどうだったのかを判断できる方策が盛り込まれているかということです。

　授業として効果的だったのか、不十分だったのか。効果的だったとすれば、どのように効果的で、その要因は何だったのか。

　あまり、効果的でなかったとすれば、何が原因だったのか。これらの点を分析するためにも、指導案作成は重要なのです。言い換えると、教師が授業について自己評価するためにも、指導案は欠かせないということです。

　そして、いつでもどこでもできる自己評価の方法は、以下のことについて書き出してみることです。

　　① 今日の授業で良かった点を３つ

　　② 今日の授業で悪かった点を３つ


　そうすれば、次の授業への糧となることは、間違いありません。

## 第2章 指導案作成のステップ

指導案に決まった形はない、と前述しましたが、少なくとも以下のような基本的な構成要素は盛り込まれていなければなりません。

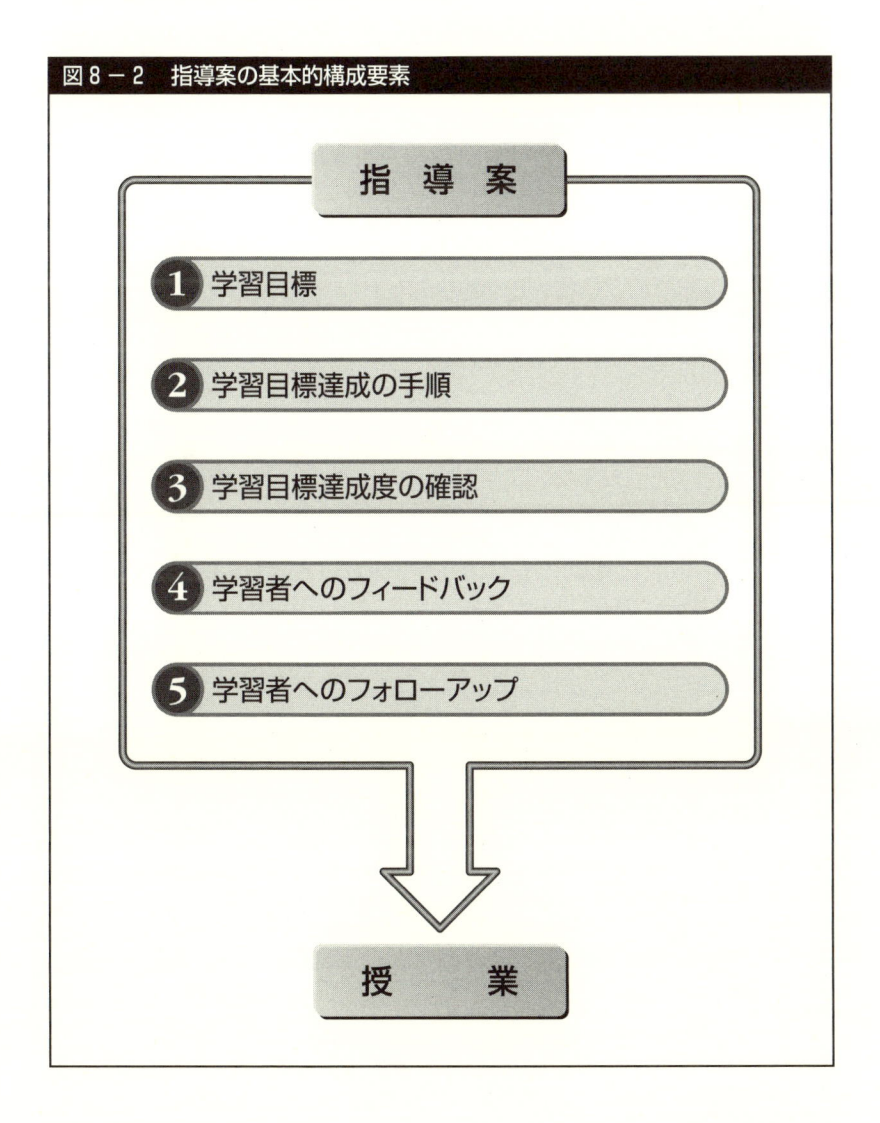

**図8-2 指導案の基本的構成要素**

指導案

1. 学習目標
2. 学習目標達成の手順
3. 学習目標達成度の確認
4. 学習者へのフィードバック
5. 学習者へのフォローアップ

↓

授業

プランの立て方 199

**1）学習目標：**指導案には学習目標が明記されていなければなりません。しかも、できるだけわかりやすく記述されていることが大切です。

そのためには、授業が終了した時点で学習者は何ができるようになるのかを具体的に明記する必要があります。

次の2つの例を見てください。

> **例 1**
>
> この授業では、学習者は「電話のかけ方」を学習する。
>
> **例 2**
>
> この授業後、学習者は「電話で寿司を注文できる」ようになる。

例1のように、「電話のかけ方を学習する」と言うよりも、例2のように、「電話で寿司を注文できる」と言った方が、学習者は何ができるようになるのかが、より具体的で明確です。

このように、学習目標を目に見える形で提示するには、できるだけ抽象的な動詞や状態動詞を避けて、アクション動詞を使用するとよいでしょう。

以下の動詞の例を参考にしてください。

| 使用したい動詞 | 使用を避けたい動詞 |
|---|---|
| 発音する　描写する | 理解する　学ぶ |
| 書き留める　要求する | わかる　練習する |
| 言う　謝る | 楽しむ　修正する |
| 質問する　分類する | 考える　聴く |
| 歌う　暗唱する | 読む |
| etc. | etc. |

**2）学習目標達成の手順**：目標を設定すると、次は、その目標を達成するために何をするのかを決めなければなりません。どのような言語活動をどのような順序でおこなうかを決定します。

副教材や視聴覚教材・教具を使用するのかどうか、もし使用するとすれば、学習のどの段階でどのように使用するのか、といったことを検討する必要があります。

授業時間は限られていますので、当然、有効的な時間配分も考えなければなりません。言語活動のタイプや難易度等に配慮する必要があるでしょう。

**3）学習目標達成度の確認**：学習者が目標をどの程度達成できたか、効果的な授業であったかどうかを確認することが大切です。

その手段の1つとして、通常、クイズやミニ・テストなどを用います。指導案には、そうしたクイズやミニ・テストも含めて、何らかの評価方法を盛り込まなければなりません。

**4）学習者へのフィードバック**：評価の結果を分析・検討し、学習者に報告しなければなりません。

各学習者の達成度はどの程度だったのか、達成できていない部分があるかないか。達成できてない箇所があるとすれば、どのようなことが達成できていないのか、そして、その原因はどこにあるのかなど、可能な限り迅速に指摘してやることが肝要です。

**5）学習者へのフォローアップ**：次回の授業で学習者が弱点をできるだけ克服できるように、矯正のための練習や補強のための練習を取り入れた指導案の作成に努める必要があります。

場合によっては、個別に課題をあたえるなどして、各学習者に適切な助言をすることが大切です。

教師としては、以上のようなことをできるだけ具体的かつ詳細に検討しながら指導案を作成しなければなりません。

# 第9部 実践トレーニング

## 第1章 模擬授業とマイクロ・ティーチング

　実践トレーニングの目的は、日本語教師として教壇に立つことをめざしているみなさんが以下の3点についてしっかりと理解できているかどうかを確認することです。

---
**図9−1　実践トレーニングを通しての確認事項**

1）なにを教えるのか。

2）どのように教えるのか。

3）なぜ、決定した内容を選択した方法で教えるのか。

---

　1）と2）に関しては、これまで学習してきました。みなさんの頭の中には関連事項も含めて、知識として入っていると思います。

　しかし、実際に試したわけではありませんので、思ったとおりに運ぶかどうかわかりません。ですから、現場に立って教える必要があるのです。上手に教えることができるようになるには、現場での経験を積む以外に方法はありません。

　とは言え、いきなり教壇に立つわけにはいきません。事前トレーニングが必要です。その際に、3）についても考えていくことが重要になるのです。

　教えようと決めたことは、何を根拠にそう決めたのか。そして、

教えようと決めた内容をこのように教えていこうと決定した方法や手順は、何を基準に決めたのか。

このように、事前トレーニングは以上の3点を確認・再確認していくために、どうしても必要なものなのです。事前トレーニングをも含めた実践トレーニングは、みなさんの教室での学習と現実の教育現場との橋渡しをするものと言ってよいでしょう。

実践トレーニングの方法はいくつか考えられますが、この第1章では、「模擬授業」を紹介したいと思います。

模擬授業は、通常、日本人クラスメートを日本語学習者に見立ててサンプル授業をおこないます。例えば、著者が勤務している筑紫女学園大学のように、留学生の在籍数が少なく、留学生向けの日本語クラスが各学期に1つだけというような場合、そのクラスを使って教育実習をすることは事実上不可能です。

そうした場合、どうしても「模擬授業」を活用することになります。それでも、模擬授業履修者が数十名規模になると、各学習者に模擬授業のための時間を十分に割り当てることは困難です。そこで、役に立つのが、マイクロ・ティーチングです。

マイクロ・ティーチングは通常4段階で1セットになります。各段階5分程度が目安です。

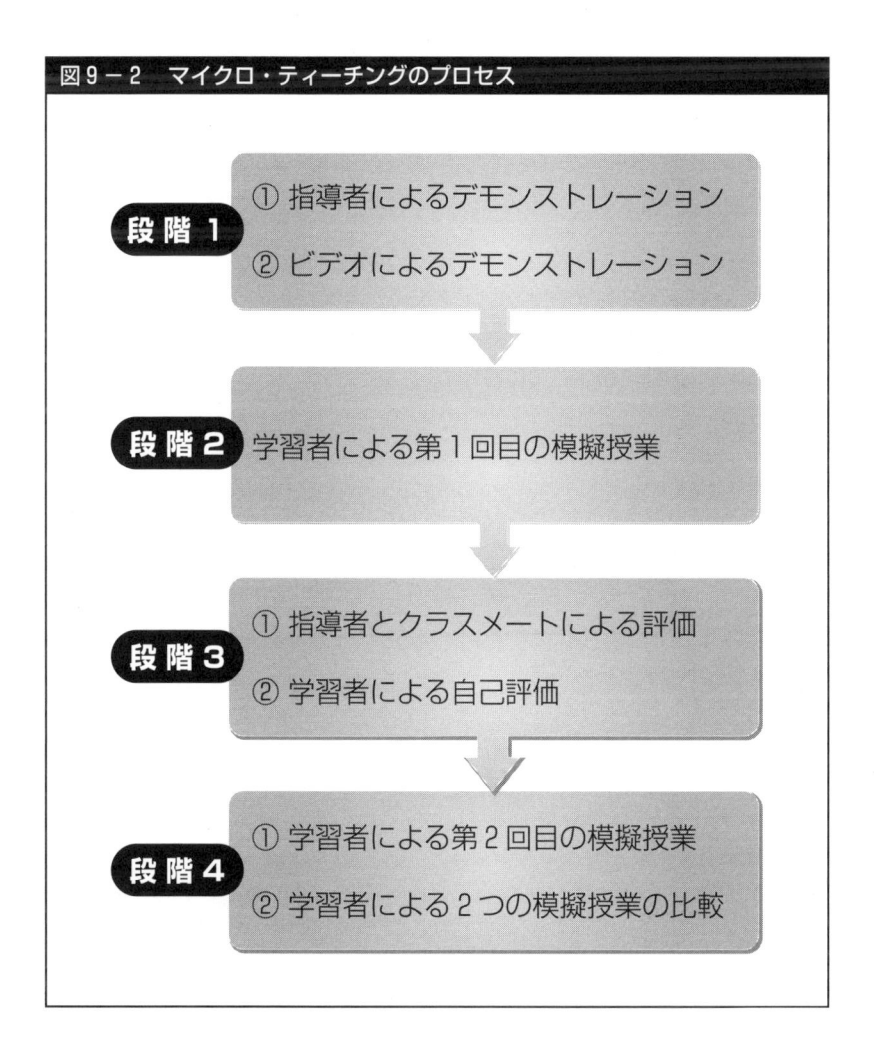

**図9-2　マイクロ・ティーチングのプロセス**

**段階1**
① 指導者によるデモンストレーション
② ビデオによるデモンストレーション

↓

**段階2**　学習者による第1回目の模擬授業

↓

**段階3**
① 指導者とクラスメートによる評価
② 学習者による自己評価

↓

**段階4**
① 学習者による第2回目の模擬授業
② 学習者による2つの模擬授業の比較

　段階1では、指導者（教師）が教え方のデモンストレーションをおこないます。場合によっては、ビデオ等でデモンストレーションをおこなうこともあります。学習者はデモンストレーションを観察

実践トレーニング　205

します。

　段階2は、学習者による模擬授業です。段階1を参考にミニ・レッスンを作成し、実際にクラスメートを日本語学習者に見立てて、模擬授業をおこないます。

　段階3では、指導者による評価が中心です。この段階で、クラスメートによる評価も取り入れます。さらに、模擬授業をおこなった学習者も自己評価をおこないます。指導者とクラスメートによる評価に自己評価を加味しながら、学習者は第2回目の模擬授業の準備をします。第1回目の模擬授業に修正を加え手直しをすることを求められます。

　段階4で学習者は第2回目の模擬授業をおこないます。第2回目の模擬授業のあと、第1回目の模擬授業と第2回目の模擬授業との違いを指導者とクラスメートに説明します。どこをどのように修正したのか、なぜそのように修正したのかを説明するのがポイントです。

　このように、マイクロ・ティーチングを活用することで、比較的短時間で実践トレーニングをおこなうことができます。

## 第2章　実践トレーニングの重要性

　第1章で取り挙げた「模擬授業」は、実践トレーニングの第一歩です。しかし、あくまで疑似体験であって、実際に日本語学習者を対象に教えるのとは違います。

　どうしても、実体験が必要になります。実際の日本語クラスで教えることでしか、現場の雰囲気、学習環境の違い、日本語学習者の反応等を体感することはできません。

筑紫女学園大学留学生日本語クラス

　模擬授業と違って、実際の日本語クラスを活用する場合は、日本語学習者の現実の学習過程を観察することができ、学習者の進捗状況をつぶさに感じながら授業を進めていくことを要求されますので、まさに、実践（実戦）そのものです。この段階が「教育実習」と呼ばれる実践トレーニングの第2段階です。

「教育実習」では、現役日本語教師の指導のもとで、現場の経験を積んでいきます。実習生にとっては、これまで蓄積してきた日本語教育に関する知識と技術を実際に試すよい機会です。

　「理論」と「実践」とのギャップに困惑してしまう実習生も出てきます。しかし、その中で、いかにギャップを埋めるかを考えることで、独自の教授観や新しい外国語学習観が生まれてくるのです。

　教育実習の期間・形態・内容などは、実習校によって違いがありますが、通常以下のような活動に重点が置かれます。

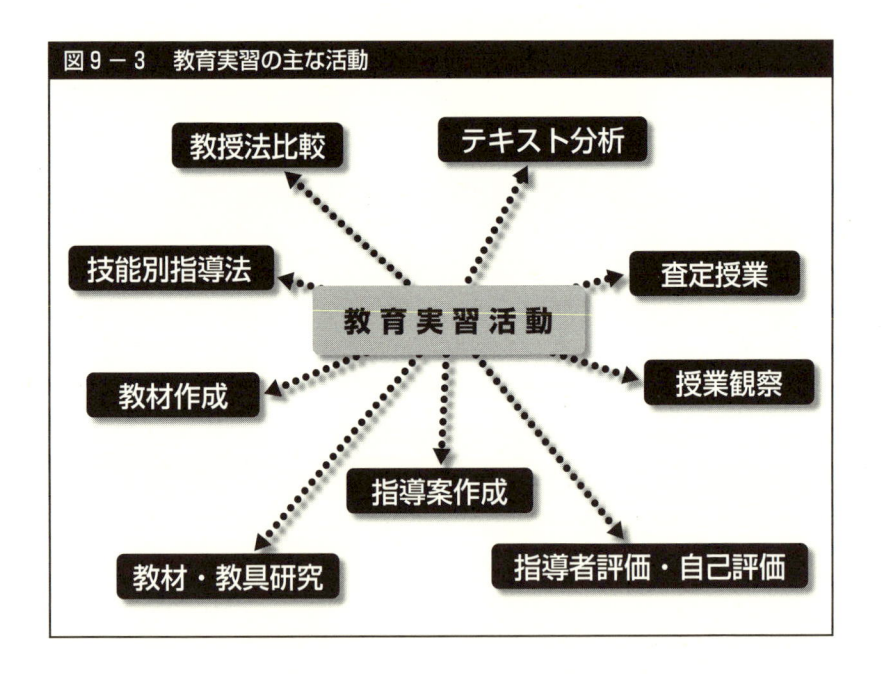

図9-3　教育実習の主な活動

教育実習活動
- 教授法比較
- テキスト分析
- 技能別指導法
- 査定授業
- 教材作成
- 授業観察
- 指導案作成
- 教材・教具研究
- 指導者評価・自己評価

　これら一連の活動を組み合わせて「教育実習」がおこなわれます。かなり厳しい実習ですが、プロの日本語教師として教壇に立つ前に必ずやらなければならないものです。

次の第3章で、実際におこなわれている「教育実習」プログラムを3つ紹介したいと思います。「教育実習」とはどのようなものか、より明確にわかると思います。

　これらのプログラムには、著者も携わっています。1つは、アメリカのウイスコンシン州にある University of Wisconsin, Oshkosh（ウイスコンシン州立大学オシコシ校）で筑紫女学園大学が毎年おこなっている夏季研修プログラムです。2005年8月が8回目の研修です。

　もう1つは、福岡市にある福岡ＹＭＣＡと筑紫女学園大学が共催でおこなう新規プログラムです。初回の実施は2005年5月です。

　3つ目は、福岡市にある九州英数学館国際言語学院での教育実習プログラムです。2005年度は3回目の実施になります。

## 第3章　実践トレーニングの実例

### 1. ウイスコンシン州立大学夏季研修

　ウイスコンシン州立大学オシコシキャンパスに到着。期待と不安が交錯する。

アメリカでの教育実習の始まり。実習生たちはスケジュールを再確認する。

| 8月28日(日) | 福岡 関空 デトロイト グリーンベイ | 福岡出発 経由 経由 着後バスで大学へ | 9月05日(月)〜9月16日(金) | | 各地で日本語・文化指導実習 ホームステイ |
|---|---|---|---|---|---|
| 8月29日(月)〜9月02日(金) | オシコシキャンパス | 大学でのセミナー 教授法 英会話・滞在は大学寮 | 9月17日(土) | オシコシキャンパス | 終了式 |
| | | | 9月18日(日) | グリーンベイ ミネアポリス ロサンゼルス | バスで空港へ 経由 ホテルへ |
| 9月03日(土) | | | 9月19日(月)〜9月20日(火) | | 観 光 |
| 9月04日(日) | | ホストファミリー家庭へ | 9月21日(水) 9月22日(木) | | 米国発 関空〜福岡 |

(2005年度夏季研修プログラム)

これからの約1ヶ月、上手くやっていけるのだろうか。英語には自信ないし。でも、まあ、仲間も一緒だし。なんとかなるさ。

毎年、ウイスコンシンでの夏季研修は、このような感じで始まります。

| | 第一週 | 第二・三週 | 第四週 |
|---|---|---|---|
| 場所 | UW Oshkosh | ウイスコンシン州各地 | ロサンゼルス |
| 内容 | 日本語・日本文化研修 セミナー 英会話研修 | 小学校〜高校での日本語 日本文化指導体験 ▽受入校に1〜2名配置 | 観 光 |
| 滞在 | キャンパス内大学寮 | ホームステイ | ホテル |

実践トレーニング

最初の１週間は、オシコシキャンパスで教育実習の準備をします。教授法の学習、教材作成、日本文化についての学習などが中心です。これらの指導はすべてウイスコンシン州立大学の講師陣によっておこなわれます。

● 日程の例 ●
日本語教授セミナー
University of Wisconsin Oshkosh

**Sample Schedule**

Breakfast
08:30 am　English Instruction (group)
09:45 am　Lecture on Japan
11:00 am　Intercultural Communication
Lunch
01:00 pm　Conversation Interchange (Interchange with American Students)
02:00 pm　Preparation Time
04:00 pm　Teaching Pedagogy
　　　　　Curriculum Design

● 解説事項 ●

Teaching Pedagogy：クラスの雰囲気作り・指導方法（各種教授テクニック）について学習。

Curriculum Design：教育実習に向けての準備。指導案作成。教材（視聴覚教材を含む）の作成。

English Instruction：実習の上で必要な英会話（授業での英語）の基礎練習。

Conversation Interchange：米国人大学生と小グループでの英会話練習。

Lecture on Japan：日本文化・日本社会について学習。英語で簡単に説明する練習。

2週目と3週目は、いよいよ実習です。実習生たちは、各地の実習校へ派遣されます。そのあいだ、実習生たちはホームステイをすることになります。

野口真由美　筑紫女学園大学日本語・日本文学科

　配属される実習校は、大学、高校、中学校、小学校などさまざまです。これまでに、約60の教育機関が実習生たちを受け入れてくれています。実習生たちは、渡米前に、実習先として小学校、中学校等を希望することができます。

## ●実習生受け入れ校

### 大　学
University of Wisconsin Oshkosh
St. Norbert College

### 高　校
Monominee Indian High School
Oshkosh North High School
Oshkosh West High School
Black River Falls High School
Amherst High School
Plymouth High School
その他

### 中学校
James Madison Middle School
Riverview Middle School
Woodworth Jr.High
Seton Catholic Middle School
Little Chute Middle School
Marinette Middle School
Theisen Jr. High
Gillett Secondary School
Tipler Middle School
その他

## 小学校

Webster Stanley Elementary School
Clovis Glove Elementary School
Emmeline Cook Elementary School
H.B. Patch Elementary School
St. Mary Elementary School
その他

　第4週目は、全員、実習先から大学のキャンパスに戻ってきます。キャンパスでは、それぞれの体験について報告するとともに、自己評価をします。

　オシコシキャンパスでの最終日を「修了証書」の授与式で飾ります。笑顔と涙の一日です。

神田文子　筑紫女学園大学英語学科

　オシコシキャンパスでの全ての日程を終えて、ロサンゼルスに向かいます。観光を楽しんだ後、空路、帰国の途につきます。

最後に、実習生たちの声（2004年度プログラム参加者）をいくつか紹介しておきましょう。

●日本語教師に絶対になってウィスコンシンで講義をしていらっしゃる先生方のようになりたいと強く思った。色々なことを実習で教えていく中で、自分はまだまだ日本について何も知らないなと反省した。私にとって当たり前のことが彼らの興味を引くものであったり、彼らにとって当たり前のことが私にとって驚くものであったりするので、日本について説明するのも単に習慣や常識の一言で終わらせず、歴史的な流れも含めて伝えるべきだと思った。

●今回このプログラムに参加して本当に良かったと思う。最初は何もかも全てが不安でどうしようもなくて、こんな気持ちでいけるのかな？と思っていた。アメリカについてセミナーを受けたり、生活をしていくうちに教えることに対しての不安は増した事もあったけど、何とかなると思うようになれた。それはみんなが優しくて親切だったからだと思う。英語が話せない私でも話せる範囲の言葉をジェスチャーを交えながら一生懸命伝えようとしているのを理解しようとしてくれて、本当に嬉しかった。

●教育に興味があり参加を決めましたが、渡米直前になるにつれ自分の置かれている立場の重要性に気づき、正直なところ行く事をためらいました。このプログラムは今の自分から脱皮できるプログラム、なんらかの形で自分が成長できるプログラムだと思います。その裏では、計り知れないほどの方々のサポート、ケアの存在があることを身にしみて感じました。

## 2. 福岡YMCA教育実習プログラム

　2005年度にスタートの新しい実習プログラムです。日本語教師をめざしている人たちのために教育実習の場を提供しようと、福岡YMCAと筑紫女学園大学が協力して実施するものです。

　教育実習の指導・評価は、すべて福岡YMCAの講師陣によっておこなわれます。そして、実習終了後は、ウイスコンシンでのプログラムと同様に、筑紫女学園大学における「日本語教員養成副専攻課程」の単位として認定されます。

　以下は、福岡YMCAでの教育実習プログラムの内容です。実際には、年間を通して3回～4回実施する予定ですが、ここでは、第1回目のプログラム内容を参考資料として提示します。

### ■2005年度福岡YMCA教育実習スケジュール

第1回目　5月30日（月）～6月3日（金）10：30～17：30
（若干時間の変更あり）

**備　考**
実習生は、実習終了後1週間以内に実習レポートを提出。（メール添付可）レポート提出後、福岡YMCAより修了証を授与します。教育実習の評価は後日、筑紫女学園大学へ報告致します。

**注意事項**
毎日、実習終了後、簡単なレポートを提出すること。
時間厳守でお願いします。

## 1日目

| 時間 | 内　容 | 詳　細 |
|---|---|---|
| 10：30 | 自己紹介<br>日本語教師という仕事<br>日本語教育施設に関して<br>日本語教育の現状<br>**テキスト分析と比較1**<br>初級テキストの紹介 | ＋諸注意確認（時間厳守、取り組み方）<br>Ｑ＆Ａ<br>例：留学生と就学生<br>日本留学試験と日本語能力試験<br><br>初級テキストの分析・比較 |
| 12：30 | YMCAのカリキュラム | 全日とその他　　　　　　　　　　　［松本］ |
| 13：30 | コミュニケーション学<br>**自己分析1**<br>コミュニケーションとは | <br><br>コミュニケーションの類型<br>類型化12の基準 |
| 14：30 | **実習トレーニング1**<br>教室での歩き方<br>**実習トレーニング2**<br>教室での動き方 | <br>立ち方、歩き方、目線等<br><br>指し方・当て方・立ち位置と動き方・目線等<br>座席位置と諸活動　　　　　　　　　［溝部］ |
| 15：20 | **テキスト分析と比較2**<br>初級テキスト（みんなの日本語）<br>中級テキストの紹介<br>初級から中級へ<br>初級と中級の相違点<br>教案作成にむけて | 初級テキストの分析と比較<br>初級文法項目確認<br>中級テキストの分析と比較<br>提出順序比較・検討<br>中級から学ぶ日本語を使って<br>文型・文法比較・検討→確認<br>語彙分類・分析・既習語彙の把握 |
| 17：30 | 今日のまとめ1 | 1日を振り返ってみる　　　　　　　［溝部］ |

## 2日目

| 時間 | 内　容 | 詳　細 |
|---|---|---|
| 10：30 | **実習トレーニング3**<br>教案作成に向けて<br><br>**実習トレーニング4**<br>様々な教授法 | <br>レッスンプランの立て方：指導項目確認<br>既習項目の確認と関連性・提出順<br><br><br>ＯＰＩ・ＴＰＲ・ＶＴ法 |
| 11：50 | **実習トレーニング5**<br>様々な練習の仕方 | <br>ロールプレイ・タスク・ドリル練習　［溝部］ |
| 12：00<br>12：30 | 音声クリニック1 | 表情・トーン<br>シラビームとモーラ　　　　　　　　［溝部］ |
| 13：20<br>15：10 | 授業見学1 | 中級クラス　授業観察における観察シート<br>Ｑ＆Ａ　　　　　　　　　　　　　　［松本］ |
| 15：20 | 授業分析1（ＦＢ）<br>**テキスト分析と比較3**<br>関連教材の紹介 | 授業の流れの把握　提出順と練習<br><br>「中級から学ぶ日本語」のオリジナル副教材 |
| 17：30 | 今日のまとめ2 | 1日を振り返ってみる　　　　　　　［松本］ |

### 3日目

| 時間 | 内容 | 詳細 |
|---|---|---|
| 10：30<br>12：30 | 教案作成1<br>指導項目確認 | 過去の授業との繋がり<br>授業ノートの確認　　提出の仕方<br>語彙分析・使用語彙・文法の確認　（生林） |
| 13：20<br>15：10 | 授業見学2 | 中級クラス　授業観察における観察シート<br>［溝部］ |
| 15：20<br>16：00 | 授業分析2<br>実習トレーニング6<br>授業の目的・上級レベルへの移行 | 授業の流れの把握　提出順と練習　QA<br>学生の名前・呼び方・接し方　　　［溝部］<br>日本語能力試験と日本留学試験を見据えて |
| 16：10<br>16：40 | 自己分析2<br>音声クリニック2<br>プロソディーについて | ティーチャートークとフォーリナートーク<br><br>アクセント・イントネーション・ポーズ<br>リズム・トーン等　　　　　　　　［溝部］ |
| 16：50 | 実習トレーニング7<br>様々な教授法<br>実習トレーニング8<br>表記とリーディングの指導<br>リスニングの指導 | <br>OPI・TPR・VT法<br><br>リライト他<br>テープ・CDの使い方<br>授業の中でのリンク |
| 17：30 | 今日のまとめ3 | 1日を振り返ってみる　　　　　　［溝部］ |

### 4日目

| 時間 | 内容 | 詳細 |
|---|---|---|
| 10：30<br><br><br><br>12：30 | 教案作成2<br>導入と提示<br>授業の組み立て<br><br>板書の仕方<br>ハンドアウトの有効利用 | 導入と提示<br>ハンドアウトの効果的な使い方<br>授業分析・スパイラルな授業<br>レッスンプランの立て方<br>項目確認　提出順⇒練習<br>字の大きさ・形<br>板書の位置→板書のつながり<br>ハンドアウトの効果的な使い方　［阿南・萩原］ |
| 13：30<br>15：00 | 教案作成3<br>模擬授業へ向けて | 実習生間での教案の見直し<br>教案の確認<br>項目確認　　　　　　　　　　　　（松本） |
| 15：10 | 模擬授業 | 項目確認　提示と練習<br>誤用文の訂正<br>板書の仕方<br>授業観察における観察シートの確認 |
| 17：30 | 今日のまとめ4 | 1日を振り返ってみる　　　　　　　［生林］ |

## 5日目

| 時間 | 内　　容 | 詳　　細 | |
|---|---|---|---|
| 10：30<br>12：30 | 実習トレーニング10<br>　教案確認<br>　ハンドアウト作成<br>　過去の授業との繋がり | <br><br>ハンドアウト作成のポイント | <br><br><br>［溝部］ |
| 13：20<br>14：10 | 教壇実習　A | BグループはAグループを観察<br>観察シート記入<br>指示と問いの確認 | |
| 15：20<br>15：10 | 教壇実習　B | AグループはBグループを観察<br>観察シート記入 | <br>［溝部］ |
| 15：20<br><br>17：30 | 授業分析2<br><br>自己分析3 | フィードバック<br>教室内の言語行動<br>誉めと是正<br>アクション・リサーチ<br>ティーチングポートフォリオ | <br><br><br><br>［溝部］ |
| 16：30<br>17：30 | 実習を終えて<br>評価と報告 | 5日間で学んだこと・これから<br>研修レポート作成・提出の諸注意 | <br>［溝部］ |

教育実習風景　鷹枝香奈子　筑紫女学園大学日本語・日本文学科

## 3. 九州英数学館国際言語学院教育実習プログラム

　九州英数学館国際言語学院では、通常、以下のような日程で教育実習プログラムを実施しています。ここでは、2005年度のプログラムを紹介します。

**(教育実習日程)**

| | | | |
|---|---|---|---|
| 4月 2日 | 13：30～18：15 | 教育実習1 | 事前指導 |
| 4月 9日 | 13：30～18：15 | 教育法演習1・2 | |
| 4月16日 | 13：30～18：15 | 教育法演習3・4 | |
| 4月23日 | 13：30～18：15 | 教育実習2 | 模擬授業 |
| 5月 7日 | 13：30～18：15 | 教育実習3 | 実習① |
| 5月14日 | 13：30～18：15 | 教育実習4 | 実習② |
| 5月28日 | 13：30～18：15 | 教育実習5 | 実習③ |

(実習授業：15分～30分を3回程度。対象は来日直後の初級レベル学習者)

　事前指導は、実習全般の諸注意を含めたオリエンテーションです。実習の意義、内容、手順についての説明が中心です。

　教育法演習では、教授法・教授技術、教材作成、指導案作成等について学びます。その後、模擬授業を経て実習に臨みます。実習では、九州英数学館国際言語学院の日本語学習者を対象に実際に教えます。

　この一連の過程の中で、指導教員による評価、実習生による授業相互見学や相互評価などもおこなわれます。

　これまで、3つの「教育実習プログラム」を紹介しました。文字どおり「教育実習」のあり方は三者三様です。あえて、共通項を挙げるとすれば、「教育実習」とは、教え方について自問自答する大切な機会を提供してくれる場ということでしょう。

少なくとも、実習生は、以下のような質問を自分に問うことを必然的に求められることになります。

　① 自分の指導法についての自己評価はどのようなものか。

　② 教師としての役割をどのように考えるのか。

　③ 学習者の役割をどのように考えるのか。

　④ どのような日本語学習観・外国語学習観を持って指導するのか。

　⑤ 効果的な授業とはどのような授業だと考えるのか。

　そして、おそらく、次の質問が一番難しいでしょう。

　⑥ 自分は、本気で日本語教師になりたいのか。

　筆者は、みなさんが、⑥の質問に対して、Yesに○を付けることを切に望んでいます。

# Yes　No

　実習生たちは、「教育実習」を通して、こうした自問自答を繰り返しながら教え方を学び、そして、自分自身のティーチング・スタイルを構築していく第一歩を踏み出すことになるのです。

## おわりに

　日本語教師をめざしている人のための入門書としてこの本を書きました。少しでも、みなさんのお役に立てば幸いです。

　そして、この本を手にしたみなさんがプロの日本語教師として教壇に立つ日を心待ちにしています。

　また、この本を読んでの感想・意見を寄せていただければ幸いです。

〒818-0192　福岡県太宰府市石坂２丁目１２番１号
　　　　筑紫女学園大学　文学部　日本語・日本文学科
　　　　中村　良廣
　　　　email: nakamura@chikushi-u.ac.jp

　この本の執筆にあたっては、写真や教育実習に関する資料の提供などで以下の方々にお世話になりました。最後になりましたが、お礼申し上げます。

　　筑紫女学園大学在学生
　　寿司割烹　大はら
　　University of Wisconsin Oshkosh, College of Letters and Science
　　国際教育コンサルティング事務所Guy Healy, Japan
　　福岡YMCA
　　九州英数学館国際言語学院
　　筑紫女学園大学日本語・日本文学科
　　筑紫女学園法人本部広報企画課

◆参考文献

Davis, Barbara G. 1993. Tools for Teaching. Josey-Bass, Inc.

本名信行（編）1980　『アジアの英語』くろしお出版

本名信行他（編）1989　『日本人の考え方を英語で説明する事典』有斐閣

本名信行他（編）1986　『日本文化を英語で説明する事典』有斐閣

石田敏夫・高田誠　1990　『対照言語学』おうふう

Larsen-Freeman, Diane. 1986. Techniques and Principles in Language Teaching. Oxford University Press.

中原淳・西森年寿（編著）2003　『ｅラーニング・マネジメント：大学の挑戦』オーム社

Richards, Jack C. & Lockart, Charles. 1994. Reflective Teaching in Second Language Classrooms. Cambridge University Press.

高見澤孟　2004　『新・はじめての日本語教育２：日本語教授法入門』アスク

鄭起永　2003　『マルチメディアと日本語教育：その理論的背景と教材評価』凡人社

山崎豊　2001　『IT時代のマルチメディア英語授業入門』研究社

**JPCA**
日本出版著作権協会
http://www.e-jpca.com/

本書は日本出版著作権協会（JPCA）が委託管理する著作物です。複写（コピー）・複製、その他著作物の利用については、事前に日本出版著作権協会（電話03-3812-9424、e-mail:info@e-jpca.com）の許諾を得てください。

# あなたもなれる！日本語教師

中村 良廣 著

Copyright © 2006 by Yoshihiro Nakamura

2006年4月20日　第一刷発行

発行者　森 信久
発行所　株式会社 松柏社
〒102-0072　東京都千代田区飯田橋1-6-1
TEL. 03-3230-4813（代表）　FAX. 03-3230-4857

装幀　小島トシノブ（Non Design）
組版　木野内宏行（ALIUS）
印刷・製本　モリモト印刷株式会社

定価はカバーに表示してあります。
本書を無断で複写・複製することを固く禁じます。
落丁・乱丁本は送料小社負担にてお取り替えいたしますので、ご返送ください。

ISBN4-7754-0112-2
Printed in Japan

◇松柏社の本◇

# 日本語教育の予備知識なしでも
# 理解できる一冊！

カリキュラム作成の要領、シラバスのありかたとその代表例、各種教授法の特色・活用法、教材作成のコツと留意点、レッスンプランのたて方、教室における具体的指導テクニック、視聴覚機器の種類とその利用法、ニーズ分析の方法など実際的にわかりやすく解説。

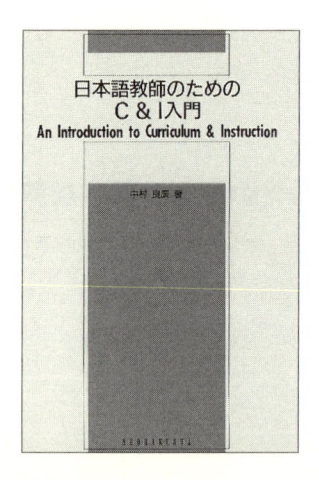

## 日本語教師のためのC&I入門

中村良廣 [著]

●A五判●128頁●定価：本体1,500円＋税

http://www.shohakusha.com

◇松柏社の本◇

# ロングセラー『英語教育』の改訂版

中学、高校の教室の授業で活用できる技能を習得するため、前版の内容よりもさらに実用度をアップさせた。最新の英語科教育の動向を盛り込み、「英語科教育法」のテキストとしては勿論のこと、英語教育にたずさわる人すべてに必携の書。

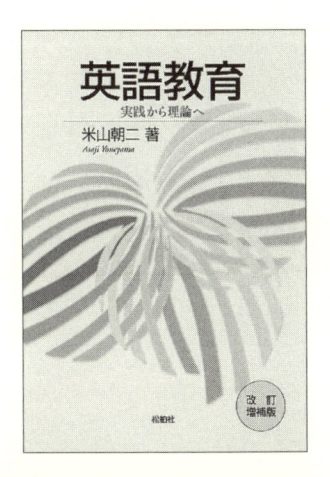

## 英語教育＜改訂増補版＞
### 実践から理論へ

米山朝二 [著]

●A五判●349頁●定価：本体2,500円＋税

**http://www.shohakusha.com**

◇松柏社の本◇

# 知られざるGDMの側面を一望できる一冊！

先生が躍起にならずに、生徒に自然に発見学習がおこるよう、教材配列が graded であり、direct に提示されるのが、GDM（Graded Direct Method）。その理論と背景をオグデンとリチャードの『意味の意味』から説きあかし、約50年にわたる日本独自の実践と達成を紹介。

## ＧＤＭ英語教授法の理論と実際

片桐 ユズル／吉沢 郁生 ［編］

●Ａ五判●296頁●定価：本体2,500円＋税

## http://www.shohakusha.com

◇松柏社の本◇

# 英語教育における
# さまざまな成功の秘訣を伝授

多数の生徒を難関大学へ送り込む、中高一貫英語教育に秘められたノウハウを名物教師が伝授。文法をビジュアル的に説明し、徹底したイメージトレーニングによる英語指導法の成功体験を紹介。記憶した英語文法・表現を完全に定着させる秘訣がよくわかる。

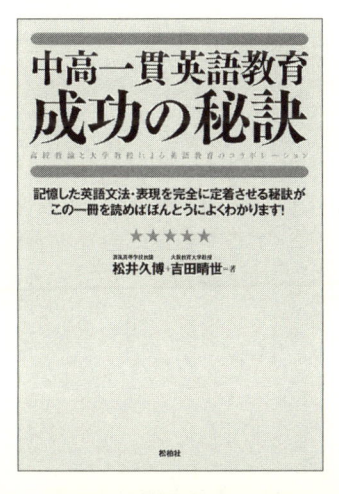

## 中高一貫英語教育成功の秘訣
### 高校教諭と大学教授による英語教育のコラボレーション

松井久博／吉田晴世 [著]

●A五判●115頁●定価：本体1,300円＋税

http://www.shohakusha.com

◇松柏社の本◇

# 待望久しいネーションによる最新の語彙学習研究書

英語の語彙学習・習得・指導法についての理論を包括的に扱い、実用的な指導法の例を数多く提示。現場の英語教師には、語彙と4スキルアップ達成のための具体例、また語彙指導の研究者にとっては、先行研究の概要の宝庫として、実践面での役に立つ好著。

## 英語教師のためのボキャブラリーラーニング

I.S.P. ネーション [著]　吉田晴世/三根　浩 [訳]

●A五判●544頁●定価：本体4,200円＋税

http://www.shohakusha.com

◇松柏社の本◇

# 外国語学習成功者を徹底分析！

外国語学習成功者はどう学んだのか？多様なデータと理論から外国語学習法を徹底的に分析し、効果的な学習法の共通点を示すかつてない研究書！英語教育・外国語教育の研究を志す大学院生、研究者、現場の英語教師、すべての外国語学習者におくる必読の一冊！！

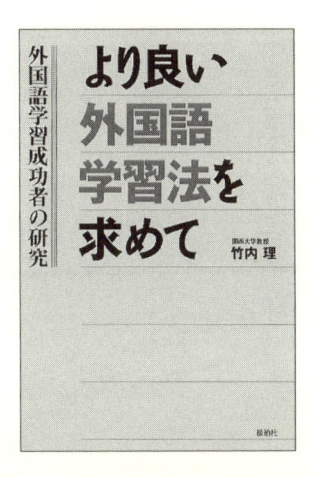

## より良い外国語学習法を求めて
### 外国語学習成功者の研究

竹内　理 [著]

●A五判●312頁●定価：本体2,500円＋税

http://www.shohakusha.com

◇松柏社の本◇

# 外国語教育における科学的研究

学際性を特徴とする外国語教育研究への独自のアプローチを模索した研究書。脳科学、認知科学、心理言語学、応用言語学、音声学、教育工学など、多岐にわたる分野の実証的研究の成果を、筆者らの研究成果と併せ、4つの章にまとめた。最終章では「認知理論にそった外国語教育」のあり方を提唱。

## 認知的アプローチによる外国語教育

竹内　理 [編著]

●A五判●166頁●定価：本体2,400円十税

http://www.shohakusha.com

◇松柏社の本◇

# 日本の英語教育でほんとうに英語は使えるようになるのか！？

外国語や第2言語は、使用しなければならないという必要性があって真剣な習得が始まる。しかし、このような環境からほど遠い日本において、学校英語教育の現状を知り、どのように英語教育を考え、教えれば良いのかという考える糸口を与えてくれる必読の書。

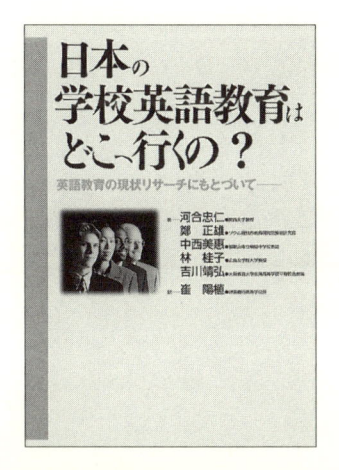

## 日本の学校英語教育はどこへ行くの？
### 英語教育の現状リサーチにもとづいて

河合忠仁 ほか［著］　崔 陽植［訳］

●A五判●291頁●定価：本体2,000円＋税

http://www.shohakusha.com

◇松柏社の本◇

# 日本語学と生成文法の「相互乗り入れ」を目指す一冊

理論と記述が程よい均衡を保ちつつ共存する研究、理論と記述が分化する傾向にある今、このような方向性をもう一度探る必要がある。統率・束縛理論に基づく日本語研究の10年間の成果を分かりやすく解説し、日本語や日本語教育学にも益するよう十分に配慮した待望の書。

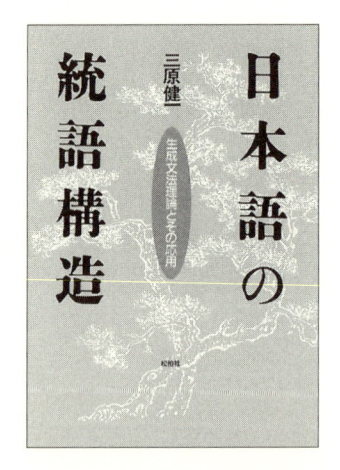

## 日本語の統語構造
### 生成文法理論とその応用
三原 健一 [著]

●A五判●334頁●定価：本体3,300円＋税

## http://www.shohakusha.com

◇松柏社の本◇

# 従来の語彙論研究に新風を吹き込んだ市河三喜賞受賞作！

従来の語彙論は、意味や形態のみから論じられ、個別論を統合する理論的基礎を欠いていた。本書では、語彙規則全般と統語規則の相互依存の実態を解明し、生成文法の枠組において、日本語と英語の動詞・形容詞を分析し、一般性のある語彙論を展開していく。

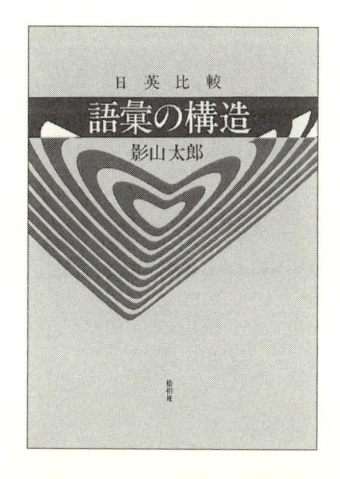

## 日英比較 語彙の構造

影山 太郎 [著]

●A五判●278頁●定価：本体3,800円＋税

http://www.shohakusha.com

◇松柏社の本◇

# これからの大学生・大学の教員に最適な大学活用マニュアル！

21世紀、大学は従来の大学とは様変わりしている。大学とは一体どういうところなのか、という根本的な問いに端を発し、学部・学科の構造、編入の方法、単位のよりよい取得方法、図書館の使い方、レポート・論文の書き方、ゼミのしくみ、就職活動について、徹底解説。

**これ一冊でわかる！「大学」活用術**

江藤茂博／鷲田小彌太［著］

●四六判●274頁●定価：本体1,800円＋税

http://www.shohakusha.com